[日]清水章弘 著　宋天涛 译

可复制的极简学习法

四步轻松学出好成绩

U0347240

机械工业出版社
CHINA MACHINE PRESS

中学生からの勉強のやり方（新学習指導要領対応・改訂版）

CHUGAKUSEI KARA NO BENK YO NO YARIKATA (SHIN GAKUSHU SHIDO YORYO TAIO KAICHOBAN)

Copyright © 2019 by Akihiro Shimizu

Illustrations © by Yukihiro Takeda

Original Japanese edition published by Discover 21, Inc., Tokyo, Japan

Simplified Chinese edition published by arrangement with Discover 21, Inc. through Shanghai To Asia Culture Communication Co., Ltd.

北京市版权局著作权合同登记　图字：01-2023-3239号。

图书在版编目（CIP）数据

可复制的极简学习法：四步轻松学出好成绩 /（日）清水章弘著；宋天涛译.— 北京：机械工业出版社，2024.1
ISBN 978-7-111-75015-4

Ⅰ.①可… Ⅱ.①清…②宋… Ⅲ.①中学生－学习方法
Ⅳ.①G632.46

中国国家版本馆CIP数据核字（2024）第020143号

机械工业出版社（北京市百万庄大街22号　邮政编码100037）
策划编辑：刘文蕾　　　　责任编辑：刘文蕾　陈　伟
责任校对：曹若菲　张昕妍　　责任印制：张　博
北京联兴盛业印刷股份有限公司印刷
2024年4月第1版第1次印刷
145mm×210mm·6.75印张·128千字
标准书号：ISBN 978-7-111-75015-4
定价：59.80元

电话服务　　　　　　　　　　网络服务
客服电话：010-88361066　　　机 工 官 网：www.cmpbook.com
　　　　　010-88379833　　　机 工 官 博：weibo.com/cmp1952
　　　　　010-68326294　　　金 书 网：www.golden-book.com
封底无防伪标均为盗版　　　机工教育服务网：www.cmpedu.com

清 水 式
学习方法的 9 大法则

预习
1　把疑问写在课本或笔记本上
2　事先准备好"自己的答案"

上课
3　张弛有度地全面运转大脑
4　记录之后想要回看的笔记
5　在课堂上尽力记忆

复习
6　"记忆型"复习
7　"解答型"复习

考试
8　把握考试出题的"趋势"
9　根据趋势制定"对策"

序 言

>>> 太讨厌学习了！！

大家好。

我是清水章弘，在东京和京都创办了 Plus-T 辅导班，主教"学习方法"。

首先向大家提一个问题——

你喜欢学习吗？

我想会有很多人回答"喜欢"，但也有一些人会说："学习？！光听到这个词，头都大了……"

我提这个问题是有原因的。

我在全日本的初高中开展讲座，虽然是教授大家"学习方法"的讲座，但我也会问大家同样的问题。

我首先会问：

"哪些同学加入了足球队？请举手！"

许多人举起了手。我接着问：

"举手的人里面，哪些同学真正喜欢足球？"

大家继续把手举着。

之后我又问道，"加入棒球队的同学有哪些？""真正喜欢棒球的同学有哪些？"

出现了同样的结果。大家继续举着手。

紧接着我趁机问道：

"好的，喜欢学习的同学请举手！"

很安静……

没有一个人举手。

当然也有人会羞于在大家面前表明自己"超喜欢学习"而不好意思举手，不排除这样的可能，但的确是没有一个人举手。

怎么样？你是不是松了口气？

原来，并不是只有你不喜欢学习。

原来大家都一样啊！

>>> 讨厌学习并不是大家的错！

但是，大家都讨厌学习，这听起来让人有点难过……

因为大家一天中要有 6~7 个小时必须做自己不喜欢的事情，而且是每天。

从这一点来看，大家就已经十分了不起了。

我觉得在这个时代，能够静下心、坐在书桌前学习的人，是比较少的。因为诱惑太多了，电视、游戏机、电脑、手机、平板，等等。

我上小学的时候，游戏机相当流行。

红白机、Game Boy（游戏小子）、超级任天堂、Play Station（PS）、PS2……当时有各种游戏机出现，还发售了许多游戏软件，如勇者斗恶龙、最终幻想、宝可梦等。

我自然也为游戏着迷，也看了好多漫画书。

上初中后又开始流行手机。

手机可以上网，快速收发短信，而且每个月要付月租费……我有段时间沉迷于手机，每天都会发 100 多条消息。

所以大家的心情，我能够理解。

毕竟，游戏看着就是比学习有趣。

如果把课本和漫画书同时摆在面前，大家一定会选漫画，对吧？

和朋友发信息聊天也很快乐。"你们不是每天都在学校见面吗？为什么还发这么多信息呢？"即便被妈妈骂也想回怼"那不一样！"的心情，我也很懂。

总之，四处充满着诱惑。

但是，又必须得学习……

现在的初中生就是这么左右为难。

>>> 这本书是为初中生而写的"享受学习的书"

但我还是要说——

学习会令人快乐。

你问为什么？

因为学习是最棒的游戏。

学习是头脑的运动。

话是这么说，但光靠看这本书，不一定就能像爱玩游戏一样爱学习，也不会就此不再玩手机（我并不是说停止玩游戏、手机）。

但是，我想说的是，**学习真的要比大家想象的有趣得多。**

不敢相信？

抱有这样想法的人，就先来看一看这本书吧。

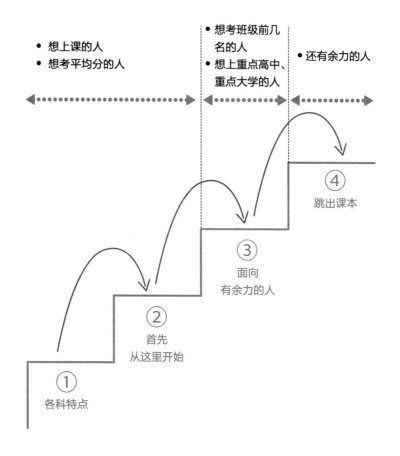

- 想上课的人
- 想考平均分的人

- 想考班级前几名的人
- 想上重点高中、重点大学的人

- 还有余力的人

④ 跳出课本

③ 面向有余力的人

② 首先从这里开始

① 各科特点

　　看不完整本书的人可以只看第 3 章各学科的学习方法，了解各科特点以及"首先从这里开始"这一版块。

　　看完后，你会觉得"什么嘛！原来学习只需要这样做！""如果是这样，也许我也可以爱上学习。"

目　录

第 2 章　学习的四个步骤

第 **3** 章 各学科的学习方法

英语学习方法

数学学习方法

语文学习方法

理科学习方法

文科学习方法

....

即日可做的 5 个『输出学习法』

>>> 锻炼语文能力的"报纸学习法"

下面我将介绍几个特别推荐的学习方法。

首先是灵活利用报纸来锻炼语文能力。读报纸不仅可以增加我们的阅读量，还能够锻炼我们的时事新闻阅读能力、材料分析能力，对论述题的解答也十分有帮助。

>> 从"画线学习法"开始

以日本的《朝日新闻》为例，"从一开始知晓！"是一个适合初学者阅读的报道版块。以 Q&A（问答）的形式解说身边的新闻。配合着插画、图表，更能加深理解。

利用此类报道学习时，推荐使用**"画线学习法"**。

STEP
1 通读全文。

加深对时事问题的理解。

STEP
2 观察"图""表""插画"，在正文中把详细讲解相关内容的部分用线画出来。

对照阅读图表和正文信息，锻炼理解能力。

从一开始

知 晓！

塑料垃圾会污染海洋吗？

微塑料
5毫米以下的微型海洋塑料垃圾

塑料容器、制品

牙粉、洗面奶中含有的微粒

经紫外线照射老化（变碎）

从排水口流出

每年至少有800万吨流入海洋

被鱼类、海鸟食取，对生态系统产生的影响令人担忧

世界塑料产量

流入海洋的塑料垃圾的总重量已经超过所有海洋鱼类的重量

1964年 1500万 → 2014年 3亿1100万 → 2050年 11亿2400万（预估）

塑料产量来自世界经济论坛的报告

5毫米以下的微塑料流入海洋，对生态系统产生的影响令人担忧

猫头鹰先生：塑料垃圾会引起什么问题呢？

A：针对5毫米以下的微粒"微塑料"海洋污染采取什么对策已成为国际上亟待解决的课题。在鱼类、海鸟体内已大量发现该类物质，它们会将这些物质同食物一同吞咽。对生态系统产生的影响令人担忧。

猫头鹰先生：为什么会在海洋里呢？

A：涌到海岸边的购物袋、塑料瓶等塑料垃圾经紫外线照射后会老化变碎。街道上的塑料垃圾也会老化变成颗粒，经雨水冲刷后从河道流入海洋。人们会把特别细小的"微粒"作为磨砂膏加到牙膏、洗面奶中，这些都是微塑料，会从排水口流入海洋。

猫头鹰先生：有多少呢？

A：据世界经济论坛的报告显示，每年至少有800万吨塑料流入海洋。人们在1万米的深海也发现了塑料袋的碎片。微塑料难以回收，并且难以分解，所以目前只能任由它们积攒在海洋。

猫头鹰先生：有采取对策吗？

A：法国、英国对塑料袋、塑料杯、吸管已经禁止使用，或者颁布了禁止方针。也有国家禁止制造、销售加有微粒塑料的产品。

猫头鹰先生：只有部分国家吗？

A：6月的G7峰会签署了《海洋塑料宪章》，包括回收的数值目标和具体行动。欧洲各国和加拿大已经签署，但日本认为需要慎重考虑对生活和产业造成的影响，所以和美国都没有签署。

猫头鹰先生：日本要怎么做？

A：终于要出台制定"塑料资源循环利用战略"等综合性战略了，削减或再利用一次性塑料产品，贯彻循环方针，这是将在明年夏天制定好的方针。（神田明美）

2018·6·23　　■ 招募问题主题请联系　wakaru@asahi.com

摘自《朝日新闻》2018年6月23日晨刊

STEP 3 利用网络、书籍查阅不理解的词句和想要深入了解的地方。

进一步加深理解，拓展兴趣。

"画线学习法"只需要画线，非常简单。不习惯看报纸的同学，请一定从"画线学习法"开始尝试。

>> 习惯后，进阶"200 字总结作文"

已经掌握"画线学习法"的同学请进阶"200 字总结作文"。可以根据同一主题的不同观点写出自己的见解。

STEP 1 通读全文（几个人的主张）。

了解多样化的见解，培养观察事物的多视角能力。

STEP 2 给几个人的主张画线，重新阅读。

培养提取信息的能力。结合自己的经验，可以在产生共鸣的地方画线。

STEP 3 写出自己对主题的"见解"和"原因"，200 字即可。

培养总结自己想法的能力和逻辑说明能力。

例如，用 200 字总结关于贺卡的讨论，如下所示：

> 我认为天野彬氏的"不会频繁的联系"的想法十分有趣。如果前辈突然对我说："努力练习剑道啊！"我也会惊讶："发生什么事了？！"但是，如果将它写在贺卡上我会很高兴，会想要努力。随着网络的发达，互相写信也变少了，但我还是想用贺卡保持这种适当的联系，写信的人也会开心。

> 我赞成天野氏"人们可以从贺卡上直观地感受到'开心'"的见解。今年朋友送给我一张写着"分到了一个班级真好"的贺卡。通过交换贺卡，可以说出和平时不同的话。一年只送一次，比起信件，内心更加充盈，所以会珍视每一次的贺卡交换。

一开始写不了 200 字也没关系，可以先分条写，也可以口头上说一说，无须勉强自己，坚持每周 1 次左右即可。

>>> 巩固所学的"回针缝记忆法"

我上初中的时候，文科老师的板书速度无人能及。

考试范围有 30 页笔记，即便在考前集中复习也根本来不及。

所以那时候，我为了缩短学习时间，发明了"**回针缝记忆法**"。

>> 一边确认、一边记忆

如果有 30 页笔记，我一般会在全部记住后再测试一遍，检验自己是否记住了。但是，有时会把最开始记的知识忘掉。

即便努力学习了 30 页，如果把第 1 页内容全部忘记了，也会提不起干劲。所以，我会一边吸收新知识（输入），一边检验前面记住的知识（输出），这个方法可以巩固记忆。

"回针缝记忆法"的记忆顺序如下所示：

1. 记第 1 页，测试是否记住
2. 记第 2 页，再次测试
3. 重新回到第 1 页，测试是否记住
4. 记第 3 页，测试
5. 回到第 2 页，测试
6. 之后以同样的频率一直进行到最后 1 页
7. 最后，测试所有页数

前进一下，返回，再次前进……很像裁缝的"回针缝"，所以起名"回针缝记忆法"。

利用回针缝记忆法巩固记忆!

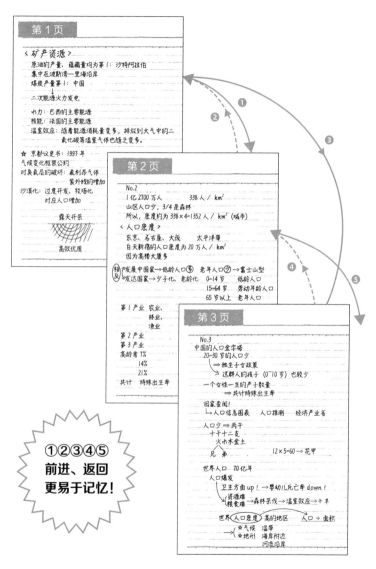

第1页

〈矿产资源〉
原油的产量、蕴藏量均为第1：沙特阿拉伯
集中在波斯湾—里海沿岸
煤炭产量第1：中国
↓
二次能源火力发电

水力：巴西的主要能源
核能：法国的主要能源
温室效应：随着能源消耗量变多，排放到大气中的二
氧化碳等温室气体也随之变多。

☆ 京都议定书：1997年
气候变化框架公约
对臭氧层的破坏：氟利昂气体
紫外线的增加
沙漠化：过度开发、牧场化
对应人口增加

露天开采

高效优质

第2页

No.2
1亿2700万人   338人/km²
山区人口少，3/4是森林
所以，密度约为338×4=1352人/km²(城市)

〈人口密度〉
东京、名古屋、大阪   太平洋带
白天新宿的人口密度为20万人/km²
因为高楼大厦多

相反 {发展中国家→低龄人口多 老年人少②→富士山型
{发达国家→少子化、老龄化 0~14岁   低龄人口
                15~64岁   劳动年龄人口
                65岁以上   老年人口

第1产业 农业、
         林业、
         渔业
第2产业
第3产业
高龄者1%
       14%
       21%
共计   特殊出生率

第3页

No.3
中国的人口金字塔
20~30岁的人口少
→独生子女政策
→这群人的孩子(0~10岁)也较少
一个女性一生的产子数量
⇒共计特殊出生率

回家查阅!
└人口信息图表   人口推测   经济产业省
人口少→两干
十干十二支
火水木金土
兄 弟   12×5=60→花甲

世界人口 70亿年
人口爆发
卫生方面up!→婴幼儿死亡率down!
资源难
粮食难→森林采伐→温室效应→干旱

世界人口密度 高的地区   人口÷面积
→{☆气候 温等
{☆地形 海岸附近
河流沿岸

①②③④⑤
前进、返回
更易于记忆!

使用这个方法学习，不仅可以扎实地巩固知识、推进学习，而且**相当于记 1 页测试 3 次**，所以很容易巩固记忆。

特别是文科的问答题、英语单词等需要背诵的部分，尤其推荐使用该方法。

>>2 分钟记忆，1 分钟测试

我采用的是"2 分钟记忆，1 分钟测试"的方法。经过各种实验得出结论，2 分钟加 1 分钟的时间段最适于集中记忆。

所以，每次记忆的量不宜过多，**最好在 2 分钟内可以背完**。如果 1 页笔记的内容较多，就细分为几个 2 分钟能记忆的量。

>>> 课堂上就能总结的"消失笔记术"

复习分输入型复习和输出型复习。输入型复习是"记忆"所学内容，输出型复习是活用所学内容"解答"问题（见第51页）。

初一时，我复习的顺序是先总结笔记（输入）、再解题（输出）。但如果总结笔记耗费时间过长，解题时间就被削减了。

而且，像历史学科，出题范围本来就广，光靠背年号、人物压根不足以应对，所以我想出了"输出型复习"的方法。

通过"消失笔记术"提高注意力！

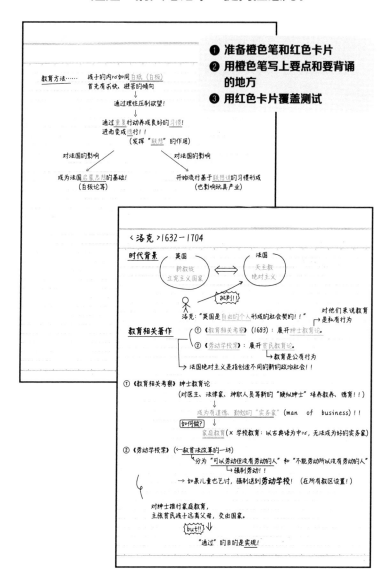

❶ 准备橙色笔和红色卡片
❷ 用橙色笔写上要点和要背诵的地方
❸ 用红色卡片覆盖测试

我想到的是"在课堂上总结笔记"和**"消失笔记术"**。

>> 用橙色笔写上要点

在开始使用"消失笔记术"之前，先准备好橙色笔和红色卡片。

在课堂上，用橙色笔记录老师板书中的要点和需要牢记的地方。

将橙色笔书写的地方用红色卡片覆盖住，橙色字就看不见了，所以后面可以用作自创问题集。这种总结笔记的方法会让重点词句消失，所以称作"消失笔记术"。

在课堂上用橙色笔书写，笔记就会变成问题集，所以缩短了总结笔记的时间，也能确保解题输出的时间。

>> 有助于在课堂上集中注意力

大家平时都会记笔记，使用"消失笔记术"只需花费一点心思即可，简单易操作。

而且，如果在课堂上使用橙色笔总结笔记，一旦写上就无法消除。所以，经常有同学说这样会**强加紧张感，有助于在课堂上保持注意力**。

这个方法对**背诵科目**尤其有效，也适用于讲义中的填空形式。

复习时，使用"回针缝记忆法"解答橙色笔书写的部分也十分有效。

我经常通过演讲、媒体积极介绍该方法，因为它是相当有效的学习诀窍。

>>> 在课堂上掌握要点的"测试笔记术"

单纯地把板书照抄在笔记本上只是机械地学习，大脑吸收不到知识。我们需要做的是自我思考并明确板书中哪些内容是重点，考试会从哪里出题。

此时派上用场的就是**"测试"**手法。"测试"是指在记笔记时，**一边抄写板书，一边写入自创的问题。**

也就是写上老师在课堂上提过的问题和答案。例如，英语老师问道："情态动词变过去式表示什么？""情态动词变成过去式表示委婉"，将这样的问答以 Q&A 的形式记入笔记中。

当然，老师不一定每次都以提问的形式讲课，所以，自己要学会把要点内容转换成问题写在笔记本上。

例如，如果老师只说"情态动词变过去式表示委婉"，那么自己可以写上问题："情态动词变过去式表示什么？""为了表示委婉，情态动词要怎么变？"

"测试"＝以 Q&A 的形式记录板书！

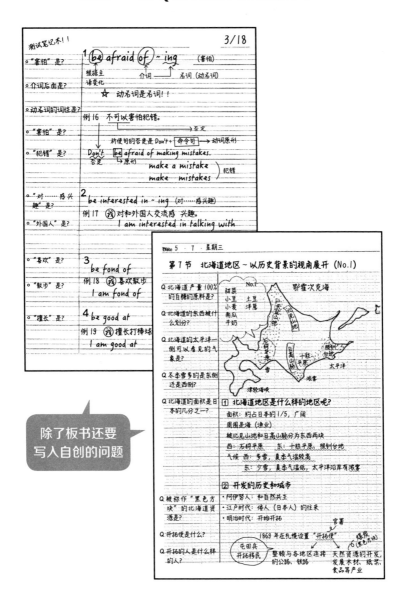

除了板书还要写入自创的问题

>> 创作问题可以提高理解程度

人们普遍认为，只有教别人才能更加深刻地理解所学知识。为了能够自己创作问题，有必要懂得教导一方的方法。

"测试"可以说是一种近乎教导他人的方式。

当你进行测试时，就会开始集中思考课堂上什么是重要的内容。如果可以，理想的情况是在上课时一边记板书一边进行测试。

但是，**如果课程进行得太快，难以实行，也不用勉强。**

如果在课堂上没有完成，就在休息时间把笔记整理完吧。

>> 对复习也能发挥威力

"测试笔记术"在复习时也能发挥威力。比起只看笔记，一边解答问题一边复习，更能加深理解程度。

光背诵不算学习。在历史科目中，很多时候板书只写事件及其结果，但真正重要的是理解"为什么会变成这样"的因果关系。

要集中注意力听讲，因为不少老师会口头说出重要的因果关系。因此，有余力的同学可以写出问题和答案，以便理出因果关系。

如果你能通过追寻问题和答案来再现教学流程，那就太完美了。

>>> 可以压缩学习时间的 "前后 1 分钟复习法"

如果你想"在更短的时间内取得学习成果"，请一定要做**"前后 1 分钟复习"**。

"前后 1 分钟"是指**上课前的 1 分钟和下课后的 1 分钟**。例如，星期一上了这堂课，星期三还要上这堂课，那就在本堂课即将开始的前 1 分钟，做上一次课的复习。

然后，在刚下课的 1 分钟内复习刚才学过的内容。

我初二时就想出了这个复习方法。笔记是用"消失笔记术"来记的，所以上课前 / 后的 1 分钟就可以盖上红色卡片，复习上次 / 这次的课堂内容。课后，为了早点休息，就会催促自己赶紧记住。

我觉得，自从做了"前后 1 分钟复习"之后，我**开始集中**

精力上课了，学到的东西也记得很扎实。在考试前夕，不再有"怎么全都忘了""我在课上都听什么了"的焦虑了。

>> 注意使用 1 分钟的时机

"道理都明白，但是如果在上课前后的休息时间学习会被当成书呆子。""朋友来聊天也不能不理人家啊……"也有同学会这么说。

因此，**要注意使用 1 分钟的时机**。其实在上课前后，有些时间都被白白浪费了。

例如，很多同学在上课的第一时间会翻讲义、打开课本，在这个过程中，1 分钟左右的时间就过去了。所以，看准这个空隙就能复习 1 分钟。

课后也一样。老师讲完课后，在等待铃响的时间里，就能复习 1 分钟。

>> 光是回想也有效果

在前后 1 分钟的复习中，适合回答"测试笔记"中提出的问题，或者解答"消失笔记"中橙色笔记录的内容。但是如果是数学等以练习为主的科目，比较有效的复习方法是回忆老师的板书，自己说明、再现解题思路。

埼玉县饭能市的教育委员会主导的提高学习能力的项目中，也引入了前后 1 分钟的复习方法。

用这种方法可以**有效总结课堂上学到的知识**，我期待今后它能作为一种流行的学习方法得到普及。

第 **1** 章

开始学习前要事先知道的事情

>>> "初中生的学习"是什么样的

大家是否有过这样的感受：

"明明上小学时我还能跟得上课程！"
"上了初中感觉学习突然变难了……"
"要做的事情一下子变多了，不知道该从哪里做起！"
"和小学时的学习完全不一样！"

怎么样？几乎所有人都有过这样的感受吧？
这都源于小学和初中环境的变化。

你们或许听说过"初一反差"这个词。
它是指小学和初中环境有很大的不同。

有许多初中生因为适应不了周围环境的变化而变得厌学，这已经成为一个亟待解决的问题。
"初一反差"这个词可能还不太为人所熟知，但要知道感受到烦恼的不是只有你们。

升入初中后周遭会产生许多变化：朋友变了，要参加社团活动，难以和长辈沟通等。除了生活上，学习方面也会有很大的变化。

比如，要开始真正地学习英语，算术变成了数学，有了定期小测试，还会有平均分和排名……小学班主任会照看全科，初中每门课程都有不同的老师。

我们需要获得什么能力来克服这些变化呢？

>>> 需要的是"自学能力"

我认为，为了克服学习上的"初一反差"，我们需要"自学能力"。

自学能力是指"能够坚持自己思考、自己学习，反思并应用于下次学习的能力"。

听着好像很难，那我就更简单点说吧。

概括成一句话就是**"自己坚持学习的能力"**。

"自己坚持学习？做不到啊，太难了……"

有同学会这样说。

没错，能够自己坚持学习的人的确很少。

那么，为什么少呢？

给大家列举一个有趣的示例吧。

特辑

第1章

第2章

第3章

英语

数学

语文

理科

文科

我自从 20 岁创办公司以来，一直在写书。这本书是第 6 本。和多家出版社都有过洽谈，从他们那里我得知这样一个情况：

"清水先生，您知道哪种书一定会畅销吗？"
"不知道。"
"是英语对话和减肥类图书。"
"为什么？"
"因为大家坚持不下来。"

我记得当时的我恍然大悟："的确如此！"
这么一说，书店里面确实经常摆有《1 天 3 分钟英语对话》《轻松减肥》等名字极为夸张的书。

如果不坚持就不会有结果。
没有结果就感到没意思。
一没意思就放弃了……

聪明的你可能已经注意到了：
是的，不坚持学习其实也一样。

不坚持学习就做不到。
考试考砸了就觉得学习很无聊。
一感到无聊就想放弃学习。

然后，成绩越来越差，学习越来越无聊……

那该如何做呢？

让我们来思考一下如何才能坚持吧。

比如玩游戏和看电视。

喜欢玩游戏的人为什么能够持续玩呢？

喜欢看电视的人为什么能够持续看呢？

原因很简单，因为快乐。

因为快乐，所以能够坚持。

>>> "自学能力"是"享受的能力"

如果学习变得快乐就能够坚持。

如果能够坚持就能考出好成绩。

获得好成绩后就会更想坚持下去。

然后，就会有更多的成果。

如此形成良性循环。

什么情况下会感受到"学习令人快乐"呢？

大致有两种：

第一种是得到夸赞的时候。被老师夸奖"真厉害""你努力了"，得到大大的对勾，这些时候都会令人非常开心，会想着"继续加油"。

第二种是学会了的时候。明白了曾经不懂的知识点，解开了难题，这些时候也很令人欢乐。

进一步说，**如果能够在既有知识和现有知识之间"发现联系"（知识的整合），能够"想到新的东西"（创造），就会更加兴奋。**

注 在心理学中，第一种情况属于"外源性动机"（动机来自于被夸奖），第二种情况属于"内源性动机"（动机来自于对知识的好奇心）。

"得到夸奖"是不受自己控制的事情。即便自我鼓励"很棒很棒，我做得很好"，也不会那么高兴。

而"自己学会"则是大家都能做到的"弄懂"，这会变成一个享受学习本身的契机。

>>> 掌握"学习方法"，一切皆能顺利运转

为了"弄懂"需要做些什么呢？

那就是**掌握"学习方法"**。

掌握了"学习方法"，学习会越来越顺利。

如前文所述，弄懂知识，成绩就会提高，也能体会"能做到""会解答"的喜悦。

如此一来，就会变得更想学，继而形成良性循环。

那么，"学习方法"具体指什么呢？

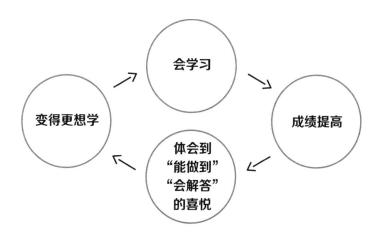

>>> 学习到底是指什么

首先来思考一下"学习是什么"吧。

前面我们多次提到了"学习"一词，那么学习到底是什么呢？

请在下面的选项中，选出你认为属于学习的几项：

□ 上课
□ 记笔记
□ 做题
□ 阅读课本
□ 查阅不懂的地方并探究

怎么样？打了几个对勾呢？

答案是……全部都属于学习。

"这个是学习""那个也是学习"，如果一个个全部列举出来，答案是无限的。思考得再简单点吧。

>>> 学习就是把"不会"变为"会"

观察上述 5 项内容的共同点，就会发现，**学习是把不会（不明白）变为会（明白）。**

一边记笔记一边听课，不明白的地方变得明白了。

通过解题巩固习得的知识，就可以融会贯通了。

通过阅读课本，不知道的地方变得知道了。

通过查阅和探索，理解得更加深刻了。

用运动来打比方会更容易明白。

比如投篮练习。

假设想要达到的结果是能够将篮球投进篮筐。如果你一直在篮筐下练习投篮会怎么样呢？完全做不好吧？

想要投篮进球，就要稍微远离篮筐进行练习。变换动作进行投篮，尝试各种姿势，或者在有人防守的情况下练习。

对运动的练习也是把"不会"变为"会"。

学习和运动是一样的。

>>> 如果意识不到把"不会"变为"会"

学习就是把"不会"变为"会"，如果不知道这一点，持续学习也不会有收获。

我们在不知不觉中往往就会做这样的事情。让我们来看看学习中的几个误区。

1 · 解完题后不对照答案

这算把"不会"变为"会"了吗？

如果不对答案，就不知道"什么不会"。进一步说，如果不重新解答，就无法确认"会做了吗"。

解完题后，对照答案，将错题重新解答后才算"学习"。

2 · 一直写英语单词

学校的老师都会建议"多写几遍英语单词，好记性不如烂笔头"。但是，你正在奋笔疾书的某个单词，有可能在写了几次的时候就已经记住了。

重复做会做的事情，这也不算学习。

数学也一样，只解答会做的题也不算学习。背英语单词、做数学题的学习方法在后面的章节中会详细介绍。这里请记住，学习就是把"不会"变为"会"。

这一点很重要，所以我会多次强调。

学习就是把"不会"变为"会"！

之后也会重复出现，切记。

第 **2** 章

学习的四个步骤

>>> 学习有四个步骤

初中生的学习大致分以下四个步骤：

1. 预习
2. 上课
3. 复习
4. 考试

也许有人会觉得，"什么嘛，这不是理所当然的吗？"

但是，"理所当然"里面隐藏着巨大的秘密。

在践行这四个学习步骤时，"擅长学习的人"和"不擅长学习的人"会显现出不同。

不擅长学习的人是如何对待这四个学习步骤的呢？在说答案之前，我先讲一个具体的示例。

前几天，我去栃木县的一所高中拜访，在演讲前的碰头会上，我这样问老师：

"您现在有什么困扰吗？我想把它加到演讲中谈一谈。"听到这里，老师为难地说道："我负责教古典日语课，最近有几个学生让我感到为难。为了让同学们预习古文翻译，我把它布置为作业，但这几个学生利用网络抄写翻译答案。"

大家听了这件事后做何感想呢？

你们是不是觉得"是这些高中生做错了"呢？

但是，错在哪里了呢？

认真思考这些高中生的事例，就可以发现"预习、上课、复习、考试"这四个学习步骤的秘密。

这些高中生只是把翻译古日语的预习当作"麻烦"，没有思考其意义。不懂得预习的意义，就会觉得"真麻烦，早点做完吧。啊，找到了好网站，照抄吧！"

重要的是，要思考各个学习步骤的意义。

这四个学习步骤，每个步骤都有其重要的意义。擅长学习的人明白每个步骤的意义所在，会一边思考一边学习。不擅长学习的人不会思考其背后的意义。

有人说："我不知道每个步骤的意义怎么办？"别担心。不知道反而是幸运的。

因为，**理解、思考各个学习步骤的意义，并在此基础上进行学习，一定能学到很多！**

下面我就来告诉大家预习、上课、复习、考试的意义所在吧！

在思考各个学习步骤的意义时，之前提到的"学习是指什么"就要发挥作用了。

大家还记得吗？

学习是指什么？

答对了。

就是**把"不会"变为"会"！**

预 习

考试
检测能否
保持"会"

预习
区分
"会"与"不会"

上课
把"不会"
变为"会"

复习
保持
"会"的状态

>>> 为什么要预习

> 要点
>
> 预习的意义：为了区分"会"与"不会"。
>
> 记法：预习是"为上课做准备"！

　　在学习的四个步骤（预习、上课、复习、考试）中，预习最先进行。**最先应该做的是，明确"自己会什么，不会什么"。**

一堂课有 45 分钟。在这个时间段，老师会教没学过的新知识，你会思考没思考过的东西。做这项准备的环节就是预习。

所以，预习就是为能够更好地上课、受教和思考而做的"准备"。

老师所说的"预习吧"所包含的意思是"为了更好地上课而做准备。在上课之前，区分开自己已经会的（懂的）和还不会的（不懂的）。"记住，**"预习就是为上课做准备"**。

>>> 预习有什么好处

1. 跟得上课堂（不会讨厌这门课）
2. 可以在课堂上体会"好心情"（爱上这门课）

预习有两个好处。

1 · 跟得上课堂

这本书是为了让大家喜欢上学习。跟不上老师讲的，一定会讨厌那门课。

有的关于学习方法的书，上面写着"学习要以复习为重"。

复习固然重要，但我认为，**不擅长的学科应该以预习为中心来进行学习。**

重要的是要跳脱出"听课也一窍不通"的状态。这样就不会讨厌那门课了。

2·在课堂上体会"好心情"

如果在课堂上体会到"好心情"，就会喜欢上这门课。

预习，不只是明确不会的地方（不懂的地方），还可以帮助自己在提前查阅相关资料后对上课产生期待。

这样一来，在上课时，你就会在大家容易碰壁的地方体会到"咦，我会做"的"好心情"。尽情体会"我知道""我会"的感觉，爱上那门课吧。

这两个好处有一个共同点，就是让你**相信"自己也能做到"。**

多数不擅长学习的人往往认为"我做不到""做什么都是无用功"。

但是，通过预习稍做一点准备，就能获得成就感，也能消除之前的消极（不自信）情绪。

实际上，**擅长学习的人就是因为能常常体会到"好心情"才能够坚持学习，**运动也一样。

我一直都坚持踢足球和打曲棍球，不管练习多么辛苦，在比赛中打出好球的喜悦会让我积极期待下一次练习。虽然我本身也喜欢足球和曲棍球，但"成就感"是让我坚持社团活动的一个很大的原因。

老实说，预习确实有点费事。但是，完成这个其他人不想做的、有点麻烦的事情，你就可以拥有小小的自信。

>>> 预习要做什么

> 预习由"？"的量而定！　　　　　　　　要点

预习是为上课做准备，直到上课那天，把自己已经会的和不会的区分开。

那么，具体该如何做呢？
各科目的预习方法请看第3章。首先来看预习的基本内容，有以下两点：

> 1. 把疑问写在课本或者笔记本上→法则 ①
> 2. 事先准备好"自己的答案"→法则 ②

1 · 把疑问写在课本或者笔记本上

例如，预习英语时，会出现明白含义（能够翻译出来）的课文和不明白含义（不会翻译）的课文。

预习数学时，会出现会解的题和不会解的题。

在预习中不明白的地方要在课堂上集中注意力去听。也可以说，**预习是事先明确"应该注意听课堂的哪部分内容"。**

我们集中注意力的时间大约有 30 分钟，但一节课有 45 分钟。理想情况下注意力能集中 50 分钟，但这难以达到。

为了张弛有度地上课，我们需要预习。

2 · 事先准备好"自己的答案"

在预习阶段，要做的是找出完全不理解的部分，事先准备好自己的答案。

不明白的地方要事先自己查阅，带着自己的答案去听课的能力，是高中、大学所要求的能力之一。

如果不这样做，就会变成"不懂→上课听"，学习就成了死记硬背。这样一来，在高中和大学遇到"本来就没有答案的问题"时，就会大为受挫。

对于疑问，要准备好自己的答案，在课堂上确认自己的答案正确到什么程度，养成这个习惯吧。

来检测吧！

预习是 _____　　　（答案：31页）

来思考吧！

　　请思考前文所讲的示例："我负责教古典日语课，最近有几个学生让我感到为难。为了让同学们预习古文翻译，我把它布置为作业，但这几个学生利用网络抄写上面的翻译答案。"

　　这些学生哪里做得不对呢？另外，该怎么办呢？请想一想吧。

上 课

预习
区分
"会"与"不会"

上课
把"不会"
变为"会"

考试
检测能否
保持"会"

复习
保持
"会"的状态

>>> 为什么要上课

要点

上课的意义：把"不会"变为"会"。

记法：上课是"为复习做准备"！

在前面的"预习"中，我们已经把会的和不会的区分开了。

在此基础上，在课堂上我们要做些什么呢？

特辑

第1章

第2章

第3章

英语

数学

语文

理科

文科

在课堂上，我们要把已经在预习中明确好的"不会"变为"会"。

这必须和后面的复习联系起来。

此处至关重要，我会详细解说。

首先来看两个示例：

① 我小学的时候玩过这样的游戏，就是记下行驶车辆的车牌号。之前，我对一个同学说了这件事，对方笑道："你真的很闲啊。"或许真的是我很闲吧，不过我身边也有几个人在玩呢……也许你们当中也有人玩过同样的游戏，我想问玩过的人：

那时候记住的车牌号码，至今还记得吗？

你一定不记得了，这是为什么呢？

② 小学时朋友的脸和名字，现在应该还记得吧？

明明刚开始脸都不熟、名字都不知道，但至今还记得是因为什么呢？

在这两个示例中，①是忘记，②是记忆。差别源自哪里呢？

差别在于是否有复习。

① 很容易明白。如果把记住的数字写在纸上，贴在墙上，

每天看、每天复习，那么这些车牌号你永远也不会忘记。

你或许觉得奇怪，"咦？但是朋友的脸和名字，我们没有复习啊！"

但实际上，我们是在无意识中自然而然地复习了。

例如，新学期，一名叫"增田"的新同学坐在了你旁边。你会如何记忆邻座增田同学的姓名呢？

首先早上会打招呼："增田，早上好。"随后，早晨班会上老师会叫"增田"的名字。课堂上，老师会点名回答问题："这道题，就由增田同学来回答吧。"放学时，会和他说"增田，拜拜"。

每天都在做这些。在不知不觉中，就反复复习了。

但是，毕业不久后就会忘记也是事实。

高中毕业十多年了，很多事情都渐渐忘记了吧，高中时代的朋友叫什么来着……

　　以前我也认为"不可能忘记"，但就是会忘。果然，没有复习就会忘记。

>>> 谁都会忘记

　　有科学家为我们证明了复习的重要性。大家都听说过赫尔曼·艾宾浩斯博士，他做的实验证明了"在单纯记忆的情况下，在次日会忘记 74% 的内容"。下表是"艾宾浩斯遗忘曲线"。

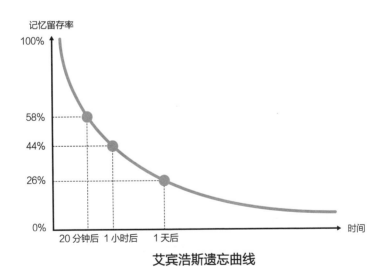

艾宾浩斯遗忘曲线

与其说是"消失在遗忘的尽头"，不如说是"处于想不起来的状态中"。不过话说回来，竟然忘记了 74%，真是让人吃惊。

当时正上初中的我听到这个数字时觉得："会忘那么多吗？那记忆也没有意义了吧！"

但是请放心，74% 只限于"记忆无意义材料"的情况。在这项实验中，要求实验对象记忆一些无意义的音节（如 rit、tas、jor、nuk 等），然后统计其记忆留存率。

我们平时也不会去记这种毫无意义的音节（就像车牌号码）。

平日里学习的知识都是有意义的，而且和之前所学的知识有着联系，更容易记住。因此，不会忘记 74% 那么多，请放心。

总结一下吧：**人啊，如果不复习就会忘记。**

好不容易在预习中把"不会"和"会"的知识区分开了，在课堂上把"不会"变为了"会"，但如果不复习，也会竹篮打水一场空。那就太可惜了！

如果不复习上课所学的内容，又会回到"不会"的状态。从这个层面上说，**上课是为复习做准备。**

>>> 认真听课有什么好处

1. 不用增加学习时间就能提高成绩
2. "不明白"的烦躁消失了
3. 可以缩短复习时间

认真听课有三个好处。

1·不用增加学习时间就能提高成绩

上课和预习、复习有所不同，大家花的时间是一样的。每个人每天都会上 5~6 小时的课。

只要改变听课方式，这 5~6 小时自然就会有所改变，而且效果是巨大的。

即便增加在家里学习的时间，一般也就 1~2 小时，最多 3 小时左右。因此，**对于不想增加学习时长的人来说，改变上课方式是最好的方法。**

2·"不明白"的烦躁消失了

在预习阶段"不会"的知识已经被区分开了，有学习欲望的同学应该会以自己的方式去查阅、思考答案，应该会想着

"这里要注意听讲"。

不过,"不明白"的地方通常会令人烦躁。如果认真听老师讲解"不明白"的地方,就能消解它们。

3·可以缩短复习时间

我会在下一节中详细讲解,如何多花一点心思,让复习时间大大减少。

复习的重要性正如我刚才所说,有的同学可能觉得把时间花在复习上太麻烦了,这样的同学才更应该好好听课。认真听课可以缩短复习时间。

>>> 课堂上要做什么

要点

上课由听课方式决定!

上课是把已经在预习阶段明确好的"不会"变为"会",同时为复习做准备。

那么,具体要做些什么呢?

1. 张弛有度地全面运转大脑　→ 法则 ③
2. 记录之后想要回看的笔记　→ 法则 ④
3. 在课堂上尽力记忆　　　　→ 法则 ⑤

1·张弛有度地全面运转大脑

前面也说过了，我们集中注意力的时间大约有 30 分钟左右。大脑很难在整堂课都保持高速运转。以在预习阶段产生的疑问为中心，集中注意力去听讲吧。

为了专注听课，要事先制定适合自己的法则。例如，"每日一问"。如果课堂上不能提问，也可以在课后提问，放学后也可以。心里想着"好的，之后问点什么吧"，注意力会一下子集中起来。

我上初中的时候，给自己制定了"课堂上绝不睡觉"的法则。当时，我加入了足球队、学生会，又当啦啦队队长，还是文化节的执行委员，每一项都要全力投入。所以，放学回家后几乎没有时间学习，只能在上课的时候尽力集中注意力听讲。

如果上课睡着了，可能会跟不上课程，所以下定决心"绝不睡觉"。这可能是一个有点过于严格的想法，但我很笨，只会制定这种容易理解的法则。

2·记录之后想要回看的笔记

"笔记术"曾掀起过一段热潮。各学科笔记的记法将在第 3

章中介绍，在这里我想谈一下它们的共通之处。

上课记笔记时要注意的只有一件事：**这是不是之后想要回看的笔记。**

"上课是为复习做准备"，所以记笔记也是为复习做准备。也就是说，**笔记是为之后回看而写的**。所以，之后想要回看的笔记才是好笔记。

那么，之后想要回看的笔记是什么样的呢？有两种：

① 易读的笔记

毫无留白、写得乱糟糟的笔记与整洁的笔记相比，肯定是后者更想让人回看。

有时候，老师的板书可能写得很快，请尽量认真记笔记吧。

喜欢五颜六色的笔记的同学，自然也可以把笔记写得五颜六色。

② 易于复习的笔记

易于复习的笔记是易于回想起课堂内容的笔记。我上初中的时候，是个"记录魔"。把笔记本展开，左边写板书，右边全是记录。

在课堂上，很多时候老师讲的要点并没有写在黑板上，我们要马上把那些重点内容记下来。

但记下来的不只是那些。还可以记录："朋友 A 问了这样的问题""老师这样回答""老师闲聊了会儿，内容是……"。

你可能觉得学习和老师的闲聊没什么关系，但是在重读笔记的时候，也会以此为契机想起上课内容。

请牢记，要记录容易复习的笔记、容易回想起课堂内容的笔记。

3 · 在课堂上尽力记忆

这是必须注意的重点。

"上课是为复习做准备"，养成习惯后，也有可能会松懈，"在家复习就行了，上课就悠闲地听吧"，必须要小心这一点。

上课一定要集中精力听，**重要的是课堂上能做的事情要在课堂上做完。**

推荐一个方法：**看 3 遍板书，记住之后再写在笔记本上。**

大家通常是一边看黑板一边将内容"抄写"在笔记本上。但是，光"抄写"算不上学习。

学习是把"不会"变为"会"!

不完全照抄板书，而是记住后再写在笔记本上，相当于复习了 1 次。习惯这种做法后，看 3 遍板书，在某种程度上就能记住了。

如果老师写板书的速度太快就难以办到了，所以重要的是"上课时尽量记住"。

请一定要试一次。

来 检 测 吧 !

上课是 _____ （答案：37 页）
好的笔记是 _____ （答案：45 页）

来 思 考 吧 !

用词典查"笔记"的各种意思。

从中也可以思考记笔记的意义。以自己的思维方式去思考吧。

复 习

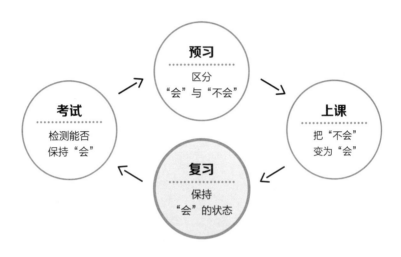

>>> 为什么要复习

复习的意义：为了保持"会"的状态
（＝巩固学习效果）。

记法：复习是"为考试做准备"！

在课堂上记录想要回看的笔记、尽力记忆后，下面该做些
什么呢？

自然是"复习"。

前面提到过，不复习就会忘记。"艾宾浩斯遗忘曲线"表明，在单纯记忆的情况下，在次日会忘记 74% 的内容。

复习可以延缓遗忘，所以复习的意义也可以说是"避免忘记"。但是，为了让大家加深理解，我想改变一下表达方式。

复习的意义是保持"会"的状态。
是怎么回事呢？

预习是把"会"和"不会"分开。然后，在课堂上把"不会"变为"会"。再然后，在一段时间后的考试中检查"你是否真的能做到"。

也就是说，**如果在课堂上变为"会"的状态，到考试为止都需要保持"会"的状态。**

所以可以说，复习是为了保持"会"的状态。

>>> 复习有什么好处

1. 下一堂课会越来越明白
2. 考前轻松度过

复习有两个好处：

1 · 下一堂课会越来越明白

课程是不断积累的，在上一堂课的基础上继续学下一课。如果不复习，下一堂课就要从一开始回想，总有一天会跟不上。

但是，**如果认真复习，就能顺利地进行下一堂课。**

2 · 考前轻松度过

小学考试和初中考试的难度大不相同。难度对每个年级来说是合适的，但最大的不同在于会不会按单元进行测验。

在日本，小学的考试有单元测验，每个单元最后一课学完就会进行测验。不过，初中不一样。比如，初中二年级的英语，定期考试的范围就是"不定式、动名词和助动词的一部分"，会跨单元进行测验。

如果复习偷懒，进入下一个单元时就会忘记前面的单元。

比如，不定式复习完了，松懈下来开始学动名词。复习完动名词想着喘口气，结果被告知："助动词开头的部分也在期末考试范围内。"然后就赶紧复习助动词，但是在复习助动词的时候，却完全忘记了不定式。

考试范围越来越广，想从头复习却都忘光了……在这种状态下，学生就会焦虑"该从哪里下手啊"！

而勤快地复习可以避免此类事情的发生。

>>> 复习要做什么

要点

复习由"次数"和"时机"来定！

那么，让我们进入具体的复习吧。首先我要说的是，大家要做的复习大致分为两种：

1. "记忆型"复习 → 法则 ⑥
2. "解答型"复习 → 法则 ⑦

第一个是"记忆型"复习（输入型复习）。简单来说就是**"记忆"**。

比如，英语要"背单词""背课文"；数学要"背公式""理解解法"。

第二个是"解答型"复习（输出型复习）。简单来说就是活用所学知识进行**"答题"**。

比如，英语中的"阅读长篇文章"，数学中的"尝试自己推导公式"等。

要说哪个更重要，答案是"解答型"复习。

但许多初中生会把大把时间花费在"记忆型"复习上，但仅靠此在考试中得不了高分。

因为考试考的是"能不能解答"，而不只是"记不记得住"。

而且，光靠"记忆型"复习根本巩固不了所学的知识。

比如前文提到的"记新朋友的姓名"的例子，是自己想起来并说出"增田，早上好"（输出）之后才加固记忆的。

体育运动也是如此。在打棒球时，光听"球棒要这样挥出"的讲解，还是不会做。必须自己试一试，用身体去记住。

复习有"记忆型"复习和"解答型"复习两种，请记住，**"解答型"复习更有利于巩固知识。**

>>> 做三次复习

除了上述两种复习类型，还要注意复习的"次数"和"时机"。

复习所需的次数因人而异，但要记住，**"最少要做三次"**。不复习三次就无法巩固。

头脑聪明的人另当别论，但是只复习一次或两次，时间一长就忘了。我问过东京大学的朋友，大家都说至少要复习"三次"。

牢记**"复习一次、两次容易忘记，复习三次才算完成"**，照此进行吧。

>>> 复习的时机是"当日、次日、周日"

那么，这三次复习应该在哪个时候做呢？

学习和体育运动一样，有最佳时机。在大学的时候，我打过曲棍球，经常做肌肉训练。

但是，肌肉训练不能每天做，过度训练反而会破坏肌肉，所以要等它修复、强化后再进行下一次训练（称为"超量恢复肌肉")。

就像训练有最佳时机一样，学习这项"头脑训练"，也有最佳时机。

那就是，学习后，**先在当日复习一次，然后次日复习一次，再在周日复习一次。**

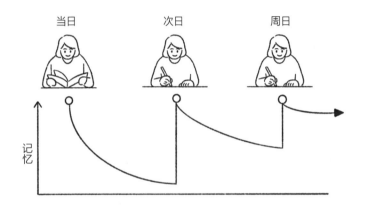

"什么！一周复习三次？！"请放心，头两次不用花那么多时间。

前面说过复习有两种类型，"记忆型"复习和"解答型"复习。在三次复习过程中，最初的一次复习是"记忆型"复习。

比如，第一次复习只需要重新看笔记和课本，"哦哦，我写过这些啊。记牢了吗？"

如果每天都忙于社团活动，那么头两次可以都是"记忆型"复习。如果社团活动没那么忙，时间稍微充裕，第二次就进行"解答型"复习吧。

无须勉强，重要的是制订适合自己的计划。

来 检 测 吧 ！

复习是 ＿＿＿＿＿＿＿＿＿＿＿＿＿＿ （答案: 48页）

复习大致分两种,分别是 ＿＿＿＿ 和 ＿＿＿＿ （答案: 52页）

复习做 ＿＿＿＿＿ 次!

时机是 ＿＿＿＿＿、＿＿＿＿＿、＿＿＿＿＿（答案: 53页）

来 思 考 吧 ！

按照大家在学校学习的时间比例，最佳复习时机是何时呢? 和朋友一起制订复习计划吧。

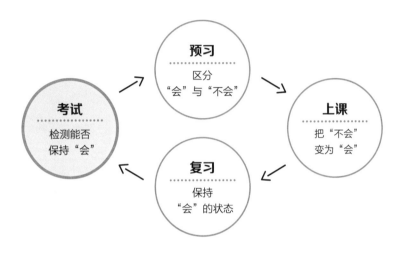

>>> 为什么要考试

考试的意义：为了检验长时间后能否保持
　　　　　　"会"的状态。

记法：考试是"为预习做准备"！

在讲考试之前，请先听听我上小学时的故事。

我小学的时候学过游泳。不是学过，准确来说是"被迫
学过"。

我喜欢足球，但对游泳怎么也喜欢不起来。不断中途放弃，留给我的只有不擅长的意识。到现在也不太喜欢（但我喜欢大海……）。

游泳很快就停了，其中最讨厌的就是排名考核了。说实话，我当时觉得："笨拙的我为什么要在每个人面前游泳，暴露我的耻辱？"

对于学校的考试，很多人都有同样的感觉吧。即使不觉得"为什么要去丢脸"，也有不少人有着明确的不擅长的意识。

那么，让我们来谈谈考试。

前面谈到了预习、上课和复习的意义，谈论"考试的意义"似乎也没什么意义。实际上，即使说"考试有这个意义"，也会有人觉得："是吗？然后呢？"就像即使知道游泳考核的意义，也不会减少我的不爽。

总之，即便知道考试是"为了检验长时间后能否保持"会"的状态"，但这似乎也并不是那么重要。

重要的是，"在考试中取得好的结果"。

虽然我很讨厌游泳，但另一方面，我也想过"真羡慕那些擅长游泳的人啊"。

是的，擅长游泳的人不仅姿势漂亮，游起来还又快又帅。

我很羡慕。

我看着那些人，会茫然地想："对于那些擅长游泳的人来说，今天应该是无比快乐的一天吧。"

学习也一样。对于擅长学习的人来说，考试并不是那么痛苦。

我经营着辅导班，在那里的学生，有的迄今为止几乎没有学习过。当那些孩子们**找到学习诀窍的时候，眼神都发生了巨变。**

说到改变，他们会说："我做了这些，这是我第一次准备得这么充分。虽然很紧张，但我有点期待考试。"

努力过后，在考试中得到"优"会怎样呢？开心得不得了吧！"我也能做到"的自信心也会暴涨！

于是，就想要学习了，干劲一下子就出来了。

你不喜欢考试吧？很紧张吧？但是**要想消除厌恶考试的情绪，唯有体会"做到了"的愉悦。**

在考试中体验到"做到了"的快乐，就是开启下一次学习的起点。

所以，**"考试就是为预习做准备"。**

>>> 考试有什么好处

1. 能够体会到"做到了"的成就感
2. 知晓自己的弱点

考试有两个好处：

1·能够体会到"做到了"的成就感

前面也提到过这一点，这里我想做一点补充。

在第 1 章中，我们提到过感觉学习很开心的时刻大致有两个："得到夸奖的时候"和"明白的时候"。

而考试就是能同时感受这两种喜悦的时刻。

拿到好成绩、得到赞扬会开心，但如果在考试过程中能实际感受到"我知道了""我做到了"，喜悦会更加无以言表。

老实说，从长远来看考试成绩可能不是那么有价值。我也认为，学习不是为了考试而存在的，考试能检测的"只是一小部分"。

事实上，"学力可以测量"这一说法是 19 世纪下半叶从美国开始广泛传开的，这是一位名叫爱德华·桑戴克（Edward

Lee Thorndike）的心理学家提出的。在此之前很长的时间里，学力都没有以分数来衡量。所以，以考试分数来衡量学习效果是在过去的 100 多年里形成的。

但是，对大家来说，考试有很大的意义。有些人的人生会因入学考试等考试而发生很大的变化。

我感觉如果不考试，几乎所有人都会变得讨厌那个科目。

所以我希望大家不要逃避考试，而是要坚定地面对，体会"做到了"的喜悦。

2·知晓自己的弱点

并不是说只要认真采取对策，任何考试就都能拿到高分的。

无论多么能干的人，也有不容易得分的领域。知晓不擅长的领域，就是考试的好处。

另外，知晓的不仅仅是不擅长的领域，也能知晓不擅长的问题类型。比如，语文中"选择题会做，但是论述题就不太会"；英语中"听对话并填写（听写）的题目会做，但是回答对话内容之类的题目就不太会做"……

如果知晓自己不擅长某个类型的问题，就可以进一步采取对策。

也就是说，可以把不擅长的领域和不擅长的题目类型结合起来，知晓自己的弱点。

分析自己的弱点，与下一步的学习联系起来吧！

>>> 何时开始备考

要点

考试由"目标完成能力"决定！

那么，让我们讲一讲考试的具体攻略吧。

首先，我们应该什么时候开始备考呢？

因人（类型）而异，在考试前三周开始准备为宜。

"好早！"有些人可能会这么想。我之后会解释原因。

另外，有的人很在意"因人（类型）而异"。我先说明一下这一点。

对于一些同学来说，考试对策什么的，没必要。

你可能会想："那样的人想必很聪明吧？"不是那样的。

那些不需要考试对策的人，就是**预先准备好的人**。

如果乍听到"准备"，你就有了灵感，那么你一定是一个心思敏捷的人。什么是"考试准备"呢？

没错，就是"复习"。复习是对考试做的准备。

如果能踏踏实实地复习，几乎就不需要考试对策了。

说到终极理想，就是在复习阶段处于"无论何时进行考试都不要紧"的状态。不过，能做到这一点的是相当勤勉的人。

对于孜孜不倦的人来说，只需要在临考前稍微调整一下复习计划就可以了，但是大多数人都不是这种类型。扎扎实实地进行考前复习就变得有必要了。

话说回来，前面说在考试前三周开始复习为宜。是不是有人会说："咦？我记得学校老师告诉我们考试前两周……"

也许，大多数的建议是"考试前两周开始复习"。但是，各位，你有过这样的经历吗？

临考试前，老师的授课进度一下子加快了，范围突然增加了！

考试之前学习的范围没复习全，一大半却都从那里面出题！

有过这样的惨痛经历吧？我知道，我非常清楚……因为我在初中时也很为难。

但是，我突然意识到，从考试前两周开始复习，这话是对平时经常复习的人说的……

如果平时不复习，课程又不断推进，考前两周不可能有时间一边巩固新学到的知识，一边复习以前学习的知识。

所以，不想在考试前慌张的人，需要从考前三周开始复习。

具体来说，请尝试如下方法：

1·考前三周至考前两周

记忆 & 解答一次之前所学的知识范围。

2·考前两周至考前两天

对此前所复习的范围进行第二次复习，同时巩固新学的知识。

3·考试前一天

复习次日考试的科目。

重点是，要在考前两周把之前做过的事情全部牢牢掌握，这就够了。

>>> 备考时要做什么

那么，在备考时到底该做什么呢？

在考前复习中应该做的事情，大致可以分为两部分：

1. 把握考试出题的"趋势" → 法则 ⑧
2. 根据趋势制定"对策"　 → 法则 ⑨

非常简单吧，下面具体看一下吧。

1 · 把握考试出题的"趋势"

首先要记住的是，**考试是"老师传来的信息"**。

想象一下吧，假设大家是学校的老师。

现在正在编写期末考试的试卷，该如何出题呢？

"好的，来编试卷吧！出哪个题呢？摇骰子吧！"不能这么马虎了事吧？

试卷基本上是按照下面的流程编写的。

試卷的編寫

①"嗯，期末考試是下下周嗎？課程要進行到哪裡呢？範圍大概是課本第 46~65 頁，習題集第 34~48 頁吧……**與期中考試相比，範圍有點大了……**"（決定出題範圍）

②"該出什麼類型的問題呢？**上次出過那樣的問題，這次出這種類型的問題吧……**"（思考問題構成）

③"難易程度該怎麼定呢？**上次平均分有點低啊，這次簡單一點吧……**"（決定難度）

怎麼樣？你發現什麼了嗎？

是的。只要看一下粗體字部分就知道了，幾乎都是根據上次的考題而出題的。

注 在這裡簡單地按照①～③的順序寫了試卷出題流程，實際出題會更複雜。按照教學大綱設置課程，再依此制訂詳細的指導計劃，在此基礎上授課，查看學生反應的同時進行考試。

所以，**制定考试对策时，首先从分析以往的考试试卷开始吧**。我知道大家都很重视这次考试，但请稍微忍耐一下，从分析之前的考试试卷开始。这样一来，你可以看清考试出题的趋势。

看过去三次考试试卷就可以了。

分析的方法很简单。**每个问题都是从哪里出题的，一个一个地看一遍**。从第一大题的第 1 小题到最后，"这道题出自课本的这里，这道题出自资料集的这里，这道题出自笔记。咦？这里是老师说过的很重要的知识点……"

当分析结束时，你自然会看到考试出题的趋势。

然后，让我们想想这一趋势的根基。那就是，**"老师想要我们具备什么样的能力"**。在出题时，老师一定会注意到这一点。

"我希望学生们一定要掌握这里。"

"标准定在这里吧……"

"如果能掌握这些，就很理想了……"

老师会考虑这些。所以，考试是由"基本问题、标准问题、应用问题"三个层次组成的。

怎么样？试着观察考试后还觉得考试很深奥吗？

从这个意义上说，考试可以说是"老师传来的信息"。

2·根据趋势制定"对策"

用下列方法思考对策会比较顺利。

① 制定目标
② 写出实现目标要做的事情
③ 排出优先顺序
④ 决定时间分配
⑤ 从最优先级开始，按定好的计划执行

我把它叫作**实现目标的"黄金五步"**。让我们一个一个地看。

① 制定目标

根据以前的考试，制定这次考试的目标吧。

这里要注意的是制定目标的方法。

有几个禁用词，那就是"努力""扎实""认真"等。

经常有人制定"努力学数学"或"扎实学英语"的目标。但是，"努力"和"扎实"是什么呢？不太清楚吧……

以后回头看的时候，也只会模糊地反思"这一次，我努力了吗？尽全力了吗？""我做得很扎实吗？嗯，算吧……"

不要制定上述类型的目标，目标要尽可能地具体，比如**"英语得 ×× 分以上""数学计算问题不再弄错""考年级第 ×× 名以内"**等。

② 写出实现目标要做的事情

一旦确定了目标，就尽可能多地写出该做的事情吧。如果你想提高成绩，请注意以下两点：

第一，**"从来没有做过的事情"**。例如，在制定英语考试对策时，那些没有朗读过课本的同学可以从朗读课本开始。只做过一次问题集的同学，可以尝试做两次、三次。

第二，**"掉以轻心的地方"**。也就是决定"做"，但最后也没做好的地方。

还是不知道怎么算掉以轻心？没关系，别担心。刚才通过趋势分析找到自己的答案了吧？其中，有没有一些题让你觉得"咦？明明复习过这里……""原来这个问题出自课本，但我明明看过课本……"

这些就是令你"掉以轻心"的地方。

以这两点为中心，试着写出来吧！

③ 排出优先顺序

在写出应做事项后，对其进行排序吧。**可以向班级里擅长学习的同学或老师请教哦。**

优先顺序就是"哪个很重要"的顺序。擅长学习的同学和老师都很清楚这一点。

"我把想做的事情都写在上面了，这个怎么样？"
"老师，这些计划里面，我应该从哪里开始呢？"

如果你问，应该会得到好的建议。

也请准备好自己的答案。比起说"告诉我"，说"我觉得这个顺序不错，你觉得呢？"会更有效，这样也可以知道同学、老师和自己之间的差异是什么。

④ 决定时间分配

这一步可以和排出优先顺序一起进行。结合自己的情况给每一项计划分配时间，"这个好像要花这么多时间"。

但是，"如果快点做，这点时间应该够了"。如果时间安排得太过紧张，中途就会受挫。**要稍微把时间安排得充裕一点。**

⑤ 从最优先级开始，按定好的计划执行

接下来就是执行了。"执行"才是一切。

即使在日历上的每一天都写了"今天做这个"，无论那是多么好的计划表，如果不执行也全都白费。

要执行计划，请尝试使用这个方法：**预先把重新制订这件**

事加入到计划里。

无论意志多么坚定的人，都不会按照计划执行所有的事情。多数人都会中途偏离，焦急道："啊，不能按计划进行！""做不下去了！"

为了避免"做不下去了"，**建议每一周重新制订计划。**可以把每个周日的晚上定为"周日之夜"。即到了周日晚上，检查计划是否完成，如果未能按原计划进行，就重新制订合理的计划吧。"啊，计划有点偏离呢，修正一下吧。"请在**"计划会被打乱"**的前提下进行学习。

踏实执行计划好的事情，大家就会养成"做完的习惯"。相反，定好的事情如果不执行，就会养成"偷懒的习惯"。

"偷懒的习惯"……真可怕啊。大家一定要执行！

>>> 考卷返回后

好了，最后让我们也写下考卷返回后要做的事情吧。

如果大家对这次考试投入了精力，那么在考完后，心情应该会比平时更激动吧。

考得好的科目就大大方方地开心吧。但是，其中应该也有一些没考好的科目。此时需要注意。

对于即使努力也没考好的科目，很多人会觉得："唉，糟透了。做了这么多都没用！"

这种时候一定要注意。

如果抱着"明明做了这么多却还是没用"的心态，就会产生"反正也做不到，做了也没用，不想再做了"的想法。

最终得到的是"自己做了也没用"（心理学称之为"学习无力感"）的暗示。

为了避免此类事情发生，让我们立即做出正确的反省吧。

> - 错误的反省→只看"分数"
> - 正确的反省→思考"应该做什么"

错误的反省是只看着"分数"就喜忧参半。而正确的反省是去看一个个问题"为什么没能做出来"，思考"应该做什么"。

就像分析考试趋势一样，**一边逐个看错题，一边思考"为什么做错了"**。

考卷刚返回时，应该还留有复习时的记忆，所以**请在考卷返回的当天就进行反省吧**。

来检测吧！

考试是 ＿＿＿＿＿＿＿＿＿＿＿＿＿＿＿ （答案：56 页）

备考要做的事情大致分两种。

1. 把握考试的 ＿＿＿＿＿＿＿＿＿＿

2. 根据趋势制定 ＿＿＿＿＿＿＿＿ （答案：64 页）

来思考吧！

　　除了期中、期末考试之外，还有每周小测。想想周测怎样才能取得好成绩吧。

　　如果每周周一测试 20 个英语单词，应该采取什么对策呢？

第 **3** 章

各学科的学习方法

英语学习方法

下面就来看看每门学科的学习方法吧。

首先是英语！有些人小学的时候学过点英语，但对于大多数人来说，真正开始学习英语是在初中。

所以，当我在全国初中巡回讲座时，我问学生们："你们觉得哪个科目难？"80%~90% 的学生会说："英语！"正在看这本书的你也是这么认为的吧。

但是现在，无论你觉得英语有多难，也没关系。请放心！

只要掌握了学习英语的诀窍，就能流利地使用。考试成绩也能轻松提高。

>> 起点看似晚的英语

我在上初中之前，从来没有学过英语。当然，我也从来没有住过国外，也没有上过英语口语班。知道的常用语大概是"Hello"（你好）和"Thank you"（谢谢）。

我的学校叫海城中学，是私立初高中一贯制学校，有很多归国子女。完全没有接触过英语的我和他们相比，起点"有点落后"。上初中前的那个春假，我一直在拼命背英文字母，那个场景至今仍历历在目。

一开始上课的感觉就是"英语太难了"！

而且周围很多人对英语都略知一二，这让我更加焦虑。

但是，发生了一件令人吃惊的事情。我在初一英语小结测试中，拿到了年级第一。

这有点偶然，并不是说只要按照我下面介绍的方法做，就一定能拿到年级第一，但现在我仍然相信这是使自己擅长英语的方法之一。

（我在《改变习惯就会变得聪明》一书的序言里写过，我曾经让英语期中考试考 7 分的高中生在期末考试中提高到 90 分。90 分是班级最高！这虽然是一个极端的例子，但我的方法一定会有一点帮助！）

不过，我并没有进行什么特训，也没上英语口语班。初一一整年使用的教材，只有《基础英语 1》，还有学校发的课本和练习册。

我是怎样提升成绩的呢？

下面介绍一下我的学习秘籍吧。

>>> 英语学习的基本姿势

>> 英语是"模仿"

来教大家我认为的学英语的基本姿势吧，非常简单。

用一句话概括英语学习方法，就是"模仿"。

英语属于"模仿"的学科。不，我觉得最好不要再把它当成一个学科了。

英语就是单纯的"模仿"。

这是怎么回事呢？

在学习英语时，希望大家始终记住的是，说到底"英语就是语言"。也就是说，在这个意义上，"学习英语和学习母语是一样的"。

所以，在考虑"如何学习英语"时，只要考虑一下**"怎么学习母语"**就可以了。

大家是怎么学会母语的呢？

明明刚生下来的时候只会哭，后来是怎么记住字、词，会寒暄、会交流的呢？

我想大概是从模仿周围大人们说话开始记住的。

妈妈说:"好的,宝宝,说说看。妈——妈——能说吗?是妈——妈——"

爸爸说:"叫爸爸,爸——爸——会说吗?"

宝宝很快就会模仿。通过模仿开始会说:"妈妈……""爸……爸……"进而模仿大人们教的话,逐渐记住身边的语言。

语言是"从外部进入内部"的,是把周围人使用的东西一点点地变成自己的东西。

所以,**为了掌握语言,最好的方法就是模仿周围人都在使用的语言。**

你或许觉得和婴幼儿做同样的事情很羞耻,但如果只考虑学习英语,就跟刚开始学母语的宝宝是一样的。

特别是最初的学习,就是一味地模仿。

请首先记住,**"英语就是模仿"**。

>> 模仿要"彻底"

那么,怎样模仿才好呢?

不需要特别的教材。当然,如果有适合自己的更好的教材是最好的，但是我写书的时候，内心里想的是"谁都能做到"（尽可能所有人），所以我想用大家熟悉的教材来进行讨论。

最先模仿的是"课本"。

以下面这版英语课本为例。

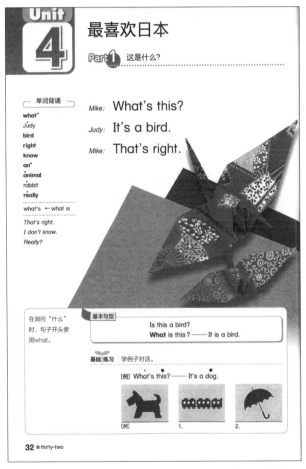

摘自 *NEW HORIZON English Course 1*（东京书籍，H18 版）

课本内容一般分为①词句（单词、常用句）；②语法;
③课文。

其中，最需要大家模仿（朗读）的是 ① 和 ③。

首先是 ① 词句，记单词的方法之后会详细讲解，这里先
简略说明。

需要注意单词的发音和重音。一遍又一遍反复地读，读到
形成肌肉记忆。第一次出现的单词，**最少要朗读 10~15 次。**

难以理解的是模仿 ③ 课文的方法。

如果课本配备音频，那就一边听几遍音频，一边模仿。如
果没有，也买不到，就认真听老师阅读的声音（尽量听母语老
师的发音进行练习比较好，所以理想的方式是请学校的外教老
师阅读，自己录下来）。

模仿时需要注意以下三点:

① 哪里需要重读，哪里需要轻读?

英语中重读和轻读分得很清楚。

重读的地方，试着有点夸张地模仿吧。

② 在哪里停顿?

在阅读语文课本时，大家会自然地停顿。停顿一般出现在
"有意义的词句"上。因为我们对母语的句子结构很熟悉。

但是，英语还做不到。为了理解"有意义的词句"，自然地掌握句子结构，首先要注意听在哪里需要停顿，并在需要停顿的地方划斜杠（/），这样有助于朗读。

另外，在哪里呼吸也是一个提示。有意识地听着模仿吧。

③ 用什么节奏朗读呢？

英语是有节奏的语言，有着独特的节奏。所以，朗读时不仅要模仿一个个单词，还要记住整篇文章中流淌的节奏，并试着模仿。

除了这三点之外，还有一点要注意——单词连读，文章变长了会难以听取。注意到这些就没问题了。

这三点共通的地方是**"意识到英语和母语的不同"**。

和母语的不同之处正是英语的特征。不要被母语拉扯，要在认同"母语和英语不同"的前提下，思考"哪里不同"并努力学习吧。

>> 模仿的下一步就是"完全记住"

模仿结束后，就**"完全记住"**吧。

"完全记住"是我初中所做的事情中，最想告诉大家的事情之一。

简单地说，就是把课文"完全背诵"。

　　完全背诵就是可以"什么都不看"地模仿。刚才说过的三点（重轻、停顿、节奏）也完全记住吧。

　　如果在注意重轻、停顿、节奏的同时记住课文，某种程度上就算学会英语了。但是，"如果可以，我想把英语变成擅长的科目！"也有人这么想。

　　推荐这些人看"基础英语"。前面出现过几次，大家知道吗？这是 NHK 的广播节目。多亏了这个节目，我的英语才得以进步。

　　当我还上初中的时候，英语 CD 是另外销售的（而且有点贵），如果在课堂上漏听或录音失败了，我就必须买它。但是，现在可以从 NHK 的语言节目网站（https：//www2.nhk.or.jp/gogaku/english/）上直接收听了，上面写着"可以回放上周播放的节目。从该广播的下周一上午 10：00 开始保留一周"。

　　太方便了啊！无比羡慕。

　　模仿基础英语时，朗读要点和朗读课文一样（重轻、停顿、节奏）。但是，有一件事我想补充一下。

　　那就是，**"像阅读戏剧剧本一样"**去阅读基础英语。基础英语的正文（幽默短文）比学校课本中的更具故事性，把自己想象成出场人物，以他们的角色进行朗读吧。也就是有感情地朗读。

这样的教材适合学习英语，因为它很容易记忆。没有比这个更好的方法了。同样有感情地读一读吧。

>> 基础英语的正文是"戏剧的剧本"

基础英语也"全文背诵"吧。

虽然有各种各样的登场人物，但是大家要**一个人扮演所有的登场人物**。

请大家像背诵"戏剧剧本"一样记住正文吧。

一个人一边扮演任一角色，一边开心地"完全记住"。

"可是，我怎么也记不住……"这样的同学该怎么办呢？

我也是在初一的时候才接触英语的，所以一开始也记不住，也在这上面下过很多功夫。

有效的方法是，**"尽可能地创造英语环境"**。

我们接触英语的时间是有限的，所以为了掌握英语，有必要在环境上下功夫。

说到要做什么，**概括起来就是增加练习听力和口语的时间**。

我所做的是，洗澡时一直听英语磁带，并朗读。而且，我在上学的路上也听（我乘电车上学，路上花 1 小时 30 分钟左右）。

有的同学会问："如果你洗澡时听，录音机坏了怎么办？"没问题。

我把录音机用超市的袋子卷了起来。我初中三年一直在这样做，一次也没有坏过。

因为是半透明的袋子，所以看不清楚里面，但是因为习惯了，用手能摸出复读键和倒带键。

现在有的播放器可以防水，有效利用就好了。

>> 朗读要这样做

下面介绍朗读的方法。我尝试了各种各样的方法，最后采用了下面的方法。

虽然是推荐的做法，但还是因人而异。请先试一试，然后自己想办法补充或削减，摸索出一套自创的方法吧。

---

1. 首先，一边看课文一边反复听（5次）
2. 一边看着课文，一边一句一句地（或者一个段落一个段落地）停顿听 → 一边看着课文，一边跟读（3~5次）
3. 不看课文，一句一句地（或者一个段落一个段落地）停顿听 → 不看课文跟读（3~5次）
4. 跟着音频通读全文（3~5次）
5. 不看课文，只依靠声音跟读（直到能自然跟上）

---

4 是"复读（overlaping）"，5 是"影子跟读（Shado-wing）"，需要相当专注，直到习惯去花时间这样做，但相应地，效果超赞！

如果自己的声音太大，盖住了音频的声音，可以把自己的声音放小，或者戴耳机练习，会比较好。

>> "创造英语环境"

想要擅长英语，就要彻底**"创造英语环境"**。我认为尽量增加与英语接触的时间，是提高英语水平的有效方法。

当然，不是所有人都能从一开始就做到如此彻底，想要擅长英语的同学做到这一步是可以的。"首先我想变得和大家一样！"这么想的同学，请从自己能做的地方开始吧。

但是，请一定要"模仿"。然后，目标是学习过程中牢记"完全背诵"。

>> 不管考试怎么变，学习的本质是不变的

每年的考试可能会有变化，但**英语学习的本质是"模仿"，这一点不会改变**。请稍微实践一下这一章传递的内容，增加自信哦。

以上是学习英语时的基本姿势。

你能理解学习英语是"模仿"，"完全背诵"是基本吗？

接下来，我们将从预习、上课、复习和考试这四个步骤来讲述每天该如何学习英语。

>>> 预习
（为上课做准备：把"会"和"不会"分开）

 首先从这里开始

"总之，我想能跟上英语课！"这样想的同学，请试着做以下事情。

STEP
1 首先通读全文。

首先，试着读一遍课本吧。不会读的单词跳过也没关系。

STEP 2 在不会读的单词和表达下面画线。

（法则 ①：把疑问写在课本或者笔记本上）

在读不懂的单词和表达下面画线吧。

STEP 3 查阅单词和表达。

（法则 ②：事先准备好"自己的答案"）

用字典或者在网上查一查你读不懂的单词和表达的意思吧。如果可以，思考"课文中用哪一个含义"会更好。

解决不明白的地方是课堂的任务，在预习时不需要过于紧张。

能跟上课堂、体会到好心情，那就 OK 了!

面 向 有 余 力 的 人

有余力的人，可以做下面的事情。

STEP 1 查阅单词和表达的含义时，也查阅发音和重音。

拥有语音电子词典的人，听听语音确认发音和重音吧。

没有词典也没关系，有的网站也可以听到发音。

如果没有互联网环境，就向学校老师请教发音吧。

2　浏览语法。

预习课文时，也事先浏览新的语法吧。

　　上课的时候一定会学，所以不需要勉强自己现在就记住。

说到底，只要跟得上课堂，能体会到好心情就可以了。

摘自 *NEW HORIZON English Course 1*（东京书籍，H18 版）

上课
（为复习做准备：把"不会"变为"会"）

在英语课上该做些什么呢？

上课，就是"为复习做准备"啊！

第1章

第2章

第3章

英语

数学

语文

理科

文科

STEP
1
以预习中不知道的知识为中心，集中精力听讲。

（法则 ③：张弛有度地全面运转大脑）

确认预习时查阅的单词和表达的意思是否正确。另外，在预习时有些词句的含义以为自己知道，但实际上会有不对的情况。有些知识"自认为"会，但实际并不会，所以在课堂上不要松懈。

STEP
2
认真做笔记。

（法则 ④：记录之后想要回看的笔记）

课堂板书自不必说，老师口头说的要点也要认真做笔记。

特别是老师强调的部分，用橙色笔记下吧（"消失笔记术"→8页）。

STEP
3
在课堂上记忆。

（法则 ⑤：在课堂上尽力记忆）

需要记的单词和表达等尽量在课堂上记忆。除了含义，也集中听发音和声调吧。

☆ 比较级的用法（课本 P.64）！

① 原级（和……相同）的公式

A is as 原级 as B。

② 比较级（比……更……）的公式

A is 比较级 than B。

首先记住这些！！
像念咒语一样！！

③ 最高级（在……中最……）的公式

A is (the) 最高级 of～
in～

容易忘记！！ e of the three
in the class 这样记更轻松

面 向 有 余 力 的 人

STEP
1　　在容易碰壁的地方做上标记。

课堂上会有朗读时间。所以，在自己容易碰壁的地方做个记号吧。

用铅笔轻轻地画上格纹或下划线吧。这就是之后在家里练习朗读（模仿）的时候，要注意阅读的地方。

STEP
2　　在停顿处标记斜线"/"。

课堂上听音频或者老师朗读时，在停顿处标记斜线"/"吧。

大部分老师在朗读时会注意停顿发音。而且，音频也会停顿。

一边小心地标记斜线"/"，一边把握有意义的段落吧。

STEP
3　　试着代入登场人物读一读。

这在学习"基础英语"的地方也说过了，在朗读课文时也尽量做到吧。

不过，与"基础英语"相比，很多地方略显单调，所以没有必要投入太多感情。"会被朋友用奇怪的眼神看吧？"虽然很丢脸，但还是要有意识地大声发音。

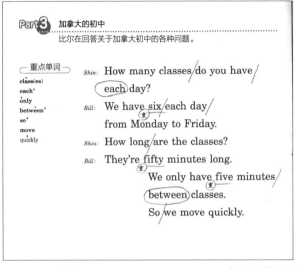

摘自 *NEW HORIZON English Course 1*（东京书籍，H18 版）

>>> 复习

（为考试做准备：保持"会"的状态）

接下来，在英语复习中该做些什么呢？让我们来看看。

首 先 从 这 里 开 始

STEP 1　记住英语单词和表达。

（法则 ⑥："记忆型"复习）

记住课堂上使用的英语单词和表达方式或熟语等（记法详见"面向有余力的人"→第 93 页）。

STEP 2　再次朗读。

朗读课文吧。课堂上也练习过，所以与预习的时候相比，应该格外容易读。

此时也要注意"**重轻、停顿、节奏**"这三点。之前也写过，可以按照如下顺序、次数进行练习（次数只是个标准）。

1. 首先，一边看课文一边反复听（5 次）
2. 一边看着课文，一边一句一句地（或者一个段落一个段落地)停顿听 → 一边看着课文，一边跟读（3~5 次）
3. 不看课文，一句一句地（或者一个段落一个段落地）停顿听 → 不看课文跟读（3~5 次）
4. 跟着音频通读全文（3~5 次）
5. 不看课文，只依靠声音跟读（直到能自然跟上）

STEP 3　解答问题集。

（法则 ⑦："解答型"复习）

使用问题集，检测应该记住的单词和表达是否已经记住了。别忘了打分和重新解答！

面向有余力的人

STEP

1 制作单词本。

对于难记的英语单词，就制作单词本吧，汇总起来记忆比较好。这里只收集了自己不易记住的单词，是专属于自己的独创单词本（英语单词的问题集）。

			Date
foolish	愚蠢的	event	事件
citizen	市民	get to ~	到达~ (≒ reach ~)
tourist	旅行者	strict	严格的
heaven	天堂	bone	骨头
complain	抱怨	shooting	射击

单词本上也可以写发音记号、重音和例句，但是如果在制作笔记上花很长时间，就没有了重要的记忆时间，所以推荐只写英语和含义的简单型笔记。

不过，这也只是个例子，"花点时间写例句更能记住"的同学，当然也可以写例句。

STEP 2 反复记忆单词，直到在看到的瞬间便能想起含义为止。

大家在哪个时间点觉得"记住了单词"呢？其实，擅长英语的人和不擅长英语的人，这种认识上的差距是非常大的。

不擅长英语的人觉得思考一会儿"嗯……"，花点时间想起来，就是"记住了单词"。但是，擅长英语的人则认为，在被问到的瞬间便能回答（会使用）才算"记住了单词"。

反复记忆吧，直到看到单词的瞬间就能想起来为止。

还有，你还记得复习的时机吗？"当日，次日，周日"对吧？

在意识到速度的同时，增加复习次数吧。

>>> 考试

（为预习做准备：检测能否长时间保持"会"的状态）

最后是关于应对考试的做法。这里也分为"面向不擅长英语的人"和"面向有余力的人"。

首 先 从 这 里 开 始

STEP
1
重新审视以往的考试。
（法则 ⑧：把握考试出题的"趋势"）

让我们重新审视一下到目前为止的考试。

根据题型的不同，考查的重点也不同，比如对语言和文化的知识和理解的考查、对理解能力的考查、对表达能力的考查等。

简单地说，考查的是有没有正确地掌握知识、能不能正确地书写英语、能否正确地朗读英语。

认真分析分别有哪些题型、多少题量以及从哪里出题吧。

例如，单词的出题形式也因题型而异。

特辑
第1章
第2章
第3章
英语
数学
语文
理科
文科

① 汉译英

　　早餐 → ＿＿＿＿＿＿＿＿＿＿＿＿＿＿＿＿＿＿＿＿

② 英译汉

　　breakfast → ＿＿＿＿＿＿＿＿＿＿＿＿＿＿＿＿＿＿

③ 完形填空

　　I got up late and skipped ＿＿＿＿＿＿＿＿＿＿＿

④ 问答题

　　"Good morning." ⟷ "Good Night."

　　＿＿＿＿＿＿＿＿＿＿＿＿＿＿＿＿＿＿ ⟷ dinner

→ 分析一下以往的考试吧！

^{STEP}
2　　**重新阅读以往所学的内容。**

　　　　（法则 ⑨：根据趋势制定"对策"）

　　如果几乎都是从课本中出题，那么就以迄今为止所学的内
容为中心，重新审视（笔记本等）吧。

　　背诵过全文后，让我们来确认一下语法出现在课文的哪里。

　　如果你有问题集，就重新解答一下错题和难题吧。

面 向 有 余 力 的 人

^{STEP}
1　　**试着自己出题。**

结合趋势，试着自己出题吧。"好像会出现这个单词的拼写……""这里好像会出翻译啊……"等，代入出题者的角色来出题吧。

也可以用绿色马克笔在课文上标记出重要表达，把课本做成**"消失笔记术"**（→8 页）。

STEP
2　考试当天最后朗读一遍课文。

作为最终确认，临考试前再次朗读课文吧。有没有连发音和重音都不知道的单词？是否能正确理解课文的意思？一句一句地仔细朗读吧。

确认是否能全文背诵。如果能全文背诵，也能默写，简直就像开卷考试一样。这样说好像是在耍花招，但这是通过努力赢得的"被夸奖的作弊"！

像这样采取对策，应该会比以往更容易解答，进而充分体会"好心情"，喜欢上英语。

>>> 跳出课本！

享受学习的两种方法：

1. 增加"能做的事"

2. 寻找"兴趣入口"

我在第 1 章也写过，会学习就会变得开心。开心就能坚持，结果学会得越来越多，形成良性循环。

不过，为了变得开心，还有其他办法。那就是，**寻找"兴趣入口"。**

每门学科都有很多特有的"兴趣入口"。在众多入口中实际尝试吧，不实际进去是无法知道这个入口是否适合自己（感兴趣）的。

"跳出课本！"将介绍一小部分入口。
以英语来说，有以下几个。
因为不知道哪个是适合大家的入口，所以如果不适合自己也别介意，试着去探索其他入口吧。

- 听外文歌曲

我认为旋律上口、最适于学习的是披头士乐队的歌曲，不过大家最好选择自己喜欢的音乐。越是自己喜欢的，就越想知道"这歌词是什么意思？""想知道！"的好奇心才是成长的源泉。

- 关注名人

通过社交平台关注你喜欢的名人，接触一下地道的英语吧。

- 阅读外文作品

学习了过去时、完成时和不定式之后，如果是简单的书，就可以借助词典来阅读全英读物了。

初三之前，阅读学习专用的读物就足够了。比如 *Oxford Reading Tree*（"牛津阅读树"）和 *Penguin Young Readers*（"企鹅青少分级阅读"）等系列，选择符合自己水平的读物进行阅读吧。

另外，在大家曾经看过的绘本里，也包含了很多海外作家的作品。例如，碧翠克丝·波特的《彼得兔的故事》原名是 *The Tale of Peter Rabbit*，艾诺·洛贝尔的《青蛙和蟾蜍》原名是 *Frog and Toad Are Friends*。

小时候喜欢绘本的人，可以从这样的读物入手。

- 阅读日本漫画的英文版

这个方法推荐给喜欢日本漫画的人。日本漫画的英文版看似很难买到，其实不然。在亚马孙网站上输入喜欢的漫画名，输入空格，加上"英文版"，点击搜索即可。例如，搜索"海贼王　英文版"。

因为你已经知道了故事情节，"哦，原来这句话在英语中是这样说的！"享受的同时还能记住各种各样的英语表达。

希望你注意的是，不要试图理解一切，否则就太累了。作为辅助材料来读，在自己能理解的范围内享受英语吧。

摘自《哆啦Ａ梦①》（小学馆英语连环漫画）© 藤子·Ｆ·不二雄制作公司小学馆

- 观看日本动漫的英文版

和前面很相似，日本动漫的英文版也非常有助于学习。在亚马孙上的搜索方法和漫画一样。比如"龙猫 英文版"。

当然，动漫没有那么多，所以以主流为中心进行搜索吧。

- 观看外文电影

这个方法我也经常用，但我觉得对初中生来说有点难，所以那些擅长英语的同学可以一试。将外文电影运用于英语学习时，请按照以下顺序进行。

① 观看母语配音版（ → 掌握情节）
↓
② 观看英语配音、母语字幕版
↓
③ 观看英语配音、英语字幕版
↓
④ 观看英语配音、无字幕版

你可能会惊讶地问："什么？这要看几遍啊？"但只有这样做才能作为训练发挥威力。

有人很可能漏掉了①，这是不行的。如果不知道故事情节，只看字幕、听英语，也只会一知半解，继而讨厌这个方法。

　　还有很多其他的"兴趣入口"，最后我再说几句。

　　高中、大学都要学习英语。而且，等大家进入社会后，就会发现"必须会说英语"。所以，如果现在就讨厌英语，就会一直感到痛苦。

　　一边增加"能做的事"，一边不断寻找"兴趣入口"吧！

　　英语不是学问，而是单纯的"语言"。

　　大家还是初中生，现在就放弃太早了！

数学学习方法

上初中后，算术变成了数学。

很多人会觉得，"太难了，可能跟不上……"

我想，不擅长数学的人大致可以分为以下两类：

（觉得"我擅长数学"的同学大致翻翻这一节即可。）

类型 A　擅长算术，但是变成数学就不精通了。

擅长算术的同学，在小学考试中也能考高分，感受过"解开了"的喜悦。但算术变成数学后，就开始觉得"很难"。

有点不安，但还是觉得"总会有办法的吧"，回过神来却发现不擅长……

计算变复杂了，又有了证明题，越来越讨厌学了。

虽然想学习，但不知道该从哪里下手（从哪里开始复习）……

类型 B　不擅长算术，上初中后更不擅长了。

算术已经很差了，算得慢还总算错。

认为自己没有"数学才华"，"解开了"的喜悦也不太能体会到。

觉得擅长算术的人很厉害。

当然，偶尔"解开了"也会高兴，知道这是算术（数学）的有趣之处……

大家觉得怎么样？有没有让你觉得："啊，一样，我就是这么想的！"

类型 A 和类型 B 有两个共同之处：

那就是"不懂数学学习方法"和"练习量不够"。

只要清楚这个，大多数人都能从不擅长变为擅长。

也就是说，用"**正确的做法**"来完成"**必要的练习量**"，**就能学会数学**。

>>> 为什么必须学习数学

在学习数学之前，先来思考为什么要学习数学呢？

初高中的时候，我一直在思考这件事。

因为我不太喜欢数学，老实说，我一直在想为什么要做这样的事。

不过，回过头一看，我觉得**学了数学真是太好了**。

我不会说"必须学习数学"之类的老生常谈。那样的论调不仅抽象且没有现实意义，吸引不了大家。

在这里，我想说的是我自身在此时此刻真实感受到的："学过数学真好！没放弃真是太好了！"

因为这是"我的经验"，所以也会和别人有所不同，我自己今后也会有更多的发现。

但我还是觉得，"将来回头看的时候，你们会感谢现在的数学"。对正在烦恼的你们说这句话是有意义的（"因为开心"是很大的一个原因，在这里省略）。

对我来说，原因大致分为三个：

1·不容易上当了（变得不容易吃亏了）

这种感觉来自"计算力"。世界上充满了数字（主要是关乎金钱）。

我想大家平时会有感谢"计算力"的时候。

例如，购物的时候，在收银台会把心思花在"如何减少钱包里的零钱"上。

比如买了 1867 日元的东西，拿出钱包里的 2422 日元，找了 555 日元的零钱，"赢了！"（不过弄错了会很尴尬。）

另外，有时候也会计算买 4 个 1 套的东西比只买 1 个划算多少。

当然不只是这么简单的小零头，还有更多更大的数额。

世界上有很多像"陷阱"一样的东西。

并不是说世界上的人都会"欺骗"大家，但是在很多情况下，如果不动脑筋就会"吃亏"。

让我们来看一个著名的问题。

假设你想打工，你可以选择下面两个职业中的一个，你会选择哪一个？

职业1: 从年收入100万日元开始，每年加薪20万日元。
职业2: 从半年工资50万日元开始，每半年加薪5万日元。

		上半年	下半年	年收入
第1年	职业1	50万日元	50万日元	100万日元
	职业2	50万日元	55万日元	105万日元
第2年	职业1	60万日元	60万日元	120万日元
	职业2	60万日元	65万日元	125万日元
第3年	职业1	70万日元	70万日元	140万日元
	职业2	70万日元	75万日元	145万日元

怎么样？在这个问题上，很多人会回答："职业1！"然而，明明职业2每年可以多拿5万日元。

虽然现实生活中不可能有与此完全相同的例子，但如果你选择了职业 1，你就吃亏了。

再比如，手机的月租费，为了每月花费的费用最低，需要相当强的计算力。

关于银行的存款，以何种形式存入哪家银行，也需要一定的计算力。

而且，在商店和银行等场所都没有时间慢慢计算，所以你必须以相应的速度计算出来。

每当这种时候，我就要感谢"计算力"（顺便说一句，工作中会出现更多复杂的计算，所以每次都很感谢）。

2·具备了通俗解释的能力

这种能力是通过"证明题"等问题中的"写过程"掌握的。算术只要结果对就正确，但在数学中，很多问题都必须写过程。

那是因为问题变得抽象而且复杂。写过程，是相当"麻烦"的工作。不过，把"自己是如何得出那个答案的"用语言描述出来，非常有用。

数学要求的说明力与语文感想文的"表达"不同，要求"无人能反驳"。因此，你需要严密的表达方式。但有趣的是，问题越复杂，使用数学说明的方式反而越容易让人理解。

从数学中可以学到"无人能反驳"的表述方式，也就是"这样说，别人才能接受"。通过练习这种与语文不同的表达方式，可以掌握传递信息的方法。

3 · 在不知不觉中学到了"重要的事"

通过数学还可以学到很多其他的东西。

首先想到的是**"简洁"**之美。

例如，一个问题存在很多不同的解法（这也是我学到的东西之一）。在众多的解法中，"简洁"的解法被视为"美丽"。

并不是说"哪一种解法正确"（能引导出正确答案的解法都可以），而是"哪个更美"。

可能大家都没太听过其他科目中有"美丽"的表达。我觉得数学磨炼出了我的审美。

另外，我在数学中还学到了，讨论的前提是下定义。

在数学世界定义词语、文字（x、p、n 等）的过程中，我学到了在和人讨论、向人说明的时候，为了不让对方误会，首先要下定义。

这样的例子不胜枚举，但上面所列举的事情并不是只有学数学才能学到。

所以，我不会强迫大家"必须学习数学"，因为通过其他科目也能学到这些技能。

不过，如果你认真学数学，我认为上述事情更"容易学到"。

出于这个原因，我推荐大家学习数学。

综上所述，学习数学其实有很多好处！

有没有觉得："或许我也可以做到？"

那么，终于要进入数学的"学习方法"了！

>>> 变得擅长计算

首先，让我们来谈谈支撑数学学习的东西——"计算"。

>> 计算是"最基本的工具"

在数学中，计算是"最基本的工具"。数学世界是用文字或数字来表达的，几乎没有一道题不包含计算。

计算能力由以下两部分组成：

1. 精准计算的能力（准确性）
2. 快速计算的能力（速度）

为了学到这些，我有件事拜托大家。

那就是，**"如果你觉得自己不擅长计算，就从小学算术重新开始吧"**。

穿着初中校服在书店买小学算术题集，可能确实需要勇气。不过，这不是丢脸的事！

数学是需要积累的学科，所以在"数学入口"没有自信的同学，需要从"小学的出口"（小学六年级）开始，不断地追溯复习。

建议大家去书店选择适合自己水平的计算练习题，如果你觉得"跟不上"，那就看看在哪里栽跟头了。

如果小学的计算没问题，要注意一件事。

那就是**"不要嫌麻烦，要动手计算"**。

进入初中后，有效的做法是通过解答很多问题来增加计算能力。

正如我刚才所说，每道数学题都要计算。

因此，重要的是亲自动手计算一道道问题。你或许觉得"理所当然"，但实际情况是很多人都省略了计算。

"数学的基础是计算能力，计算能力需要通过解决各个问题

来得到锻炼"，把这一点深深地铭刻在大脑里吧。

>> 如何减少计算失误

接下来，让我们来研究一下计算失误。

我看过很多学生的数学试卷，觉得可惜，"啊，又算错了……"

不过，最令人遗憾的是，反复犯相同的错误。

有的同学可能觉得没什么大不了，"算错了，有点可惜"。但计算失误了，在考试中就是得叉叉，要被扣分。

如果不努力减少计算失误，而是放任不管，只是感叹"真遗憾啊""真可惜啊"，就会变成难以改正的"习惯"。

那么，怎样才能减少失误呢？

我想大家从小学开始就听说过"检查"，但还不止于此。

要减少计算失误，除了"检查"之外，主要还有以下两种方法：

> 1. 注意陷阱
> 2. 使计算更简单

那么，让我们在实际解答中进行思考吧。

请试着解答下面这个问题：

特辑

第1章

第2章

第3章

英语

数学

语文

理科

文科

$$3 \times (-3) \times (-5) \times 4 \times (-6)$$

恐怕大家都是从左开始按顺序解答，所以无论是写在纸上的人，还是在脑子里计算出来的人，都是按如下方式解答的：

$3 \times (-3) = -9$

$-9 \times (-5) = 45$

$45 \times 4 = 180$

$180 \times (-6) = -1080$

（※ 先计算 -5×4，制造 10 的倍数也是个好办法。）

那么，我要提问了。在这道题中，大家在哪一步加小心了呢？在哪一步时想过"这里很容易弄错，所以要小心"呢？

我想大致分为以下两种模式：

① 我注意到了"符号可能会改变的地方"
② 在"–"×"–"的地方多加注意了

大家注意哪里了呢？

① "符号可能会改变的地方"，这类同学会注意乘以（-3）的地方，乘以（-5）的地方，乘以（-6）的地方。

② 注意"–"×"–"的同学，会小心中途出现的 $-9 \times (-5) = 45$。

这些都是大家觉得"对自己来说是陷阱"的地方。

对于①来说，这个问题有三个陷阱。如果这三次都不上钩，就正确了。

对于②来说，有一个陷阱。如果在那里不上钩，就正确了。

另外，注意①的一些同学，也可能会在②的地方更加小心。对他们来说，"－"×"－"是很大的陷阱，所以相当于这道题有一个大陷阱，三个小陷阱。

现在，像大家做过的那样，**一边注意"自己容易掉入的陷阱"，一边计算，错误就会减少。**

为了知道哪些是"自己容易掉入的陷阱"，必须失误几次。而且，失误后，**必须对一个个错误进行"陷阱认定"**："对自己来说，这里就是陷阱。""这里是很大的陷阱。"

像这样，首先有必要正视失误，如果届时只是"啊，算错了呀"敷衍了事，失误永远不会减少。

其次，有方法可以使计算变得简单，以减少计算失误。

用刚才的例子来思考吧。

其实这道题，无须太在意是正还是负，我们也可以轻松地解答它。

① **无视符号进行计算**

② **数一数负号的数量，偶数为正，奇数为负**

怎么样？能理解吗？

不必考虑每一个数字的符号，而是先对符号视而不见，之后再考虑符号。

因为"−"×"−"得"+"，所以如果两个负数相乘就为正。正数无论乘多少次都是正的，如果负号是偶数，则整道题结果符号为正。

如果负号是奇数，整体的符号就是负数，最后只加一次负号就可以了。

① $3 \times 3 \times 5 \times 4 \times 6 = 1080$

② 负号有 3 个，是奇数，所以答案是 −1080。

像这样，在计算题中，是有办法让题变得简单的。

学会简便计算的技巧，掌握它们就能减少计算错误。

如果因为计算失误而遇到困难，就多加注意自己容易陷入的"陷阱"，然后通过掌握简单的计算方法来减少失误吧。

>>> 重视"明白"

>> 活用已经知道的知识

数学以"明白"为基础。

"基本问题会解答，但是稍微有点应用的问题就不会了……"你有没有这种感觉呢？

这样的你，试着重视"明白"吧。

那么，什么是"明白"呢？

"明白"的意思是，在"既有知识"（A）的基础上，加上"新学知识"（B），掌握"新的想法和看法"（C），这不仅仅适用于数学问题。

话题有点偏离数学，简单易懂地说，就是在"已经拥有的工具"中加上"新工具"，创造出"更新的工具"。

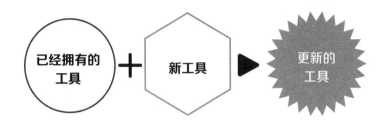

如果能做到这一点，就是"明白"的状态（后面会具体说明，现在不理解也没关系）。

另一方面，所谓"会"，就是能使用"C（新工具）"来解决问题。

不理解"明白"和"会"的机制，光是"死记硬背"公式和解题方法，是学不会数学的。

下面详细说明一下吧。

首先，让我们来谈谈"已经拥有的工具"和"新工具"一起创造出"更新的工具"这个机制吧。

以小学时学到的知识为例，具体思考一下。

"平行四边形面积的求法"（参考《生产性思维》，1952 年，岩波现代丛书）。

<＜问题＞

如下图所示，平行四边形底边的长 l 为 4cm，高 h 为 3cm，求面积 S。

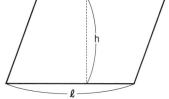

怎么样呢？真让人怀念啊。答案出来了吗？

答案是 $12cm^2$。有些人可能弄错了，但别介意。

现在要想的不是"答案是否正确"，而是**"如何得出答案"**，也就是"解决方法"。

你是怎么解决这个问题的？

这个问题，大致可以分为两种解决方法：

① "公式一套就行了！"的解法

记得平行四边形面积公式的人，我想很快就能解出答案。

"底 × 高"，套用这个公式，可以求出 4×3=12。

② 画辅助线，分割＆移动，变成长方形的解法

这是不用公式的解法。

如图加入辅助线，移动三角形，变成长方形。

长方形的面积求法是"长 × 宽"，所以可以求出
4×3=12。

"啊，对，对"，有的同学看见这个公式会更怀念。

不过，其实这个想法，是两个"工具"的组合。

用这种解题方法解题的人，应该会在无意识中使用以下两
种工具：

工具 A：长方形的面积用"长 × 宽"求出。
**工具 B：将图形分割并粘在一起组成另一种形状，面积也
不会改变。**

怎么样？很少有人会有意识地组合使用这两种工具，但你
们在无形之中用这两种工具的组合创造了新的工具 C。

你可能已经忘记了，大家在小学学习"求平行四边形面积

的方法"时，一定会学习这种方法。

当我还是小学生的时候，老师在黑板上贴上平行四边形的磁铁，三角形的部分被切开，把它移动起来，解释道："是的，这样就变成长方形了！"

"这种做法，真狡猾啊……"一边想着，一边目睹了这种移动面积的新想法（工具），"啊！还有这种想法啊！"我记得当时很吃惊。

平行四边形的面积公式（工具Ｃ）也是由两个工具导出的。

>> 更利于应用的是哪一个

那么，在这里有个问题想让大家思考一下。
刚才的①和②，哪一个"更利于应用"呢？

以这个问题为题材，心理学家韦特海默做了一个有趣的实验：
首先将参与实验的孩子分成两组，分别用不同的方法教大家如何求平行四边形的面积。
第一组孩子学习的是公式，并套用它来练习解题。
第二组孩子不仅学习了公式，还学习了公式的由来。

结合刚才我们所说的"工具"，也就是直接给了第一组孩子"工具C"（公式）。

而教第二组孩子的是如何组合"工具A"（长方形的面积公式）和"工具B"（即便分割&移动，面积也相同），导出"工具C"（公式）。

像刚才让大家解答的那样，求平行四边形面积这个典型问题的正确率并没有改变。

也就是说，"会的能力"（使用"工具C"解决问题的能力）没有改变。

那么，要说什么改变了，就看下面这个问题吧。

当问到如何计算这个图形的面积时，两组的反应发生了变化。

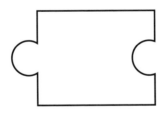

当让"只记住了公式"的小组看这个问题时，孩子就会有"这还没学过"的反应，不能准确地回答。

这个问题是将圆形部分移动，变为长方形来进行解答，也就是"工具A"和"工具B"组合而成的问题。

第二组孩子充分利用了"工具 A"和"工具 B"结合解题的经验，解决了这个问题。

你现在知道了吧？
方法①和方法②，哪一个"更利于应用"？

没错，是②。
如果只记得"平行四边形的面积 = 底 × 高"（也就是只有"会的能力"），就只能应对求平行四边形面积的典型问题。
记住公式，那么对于套用公式的问题可以直接用公式和计算来解决，但对应用问题则需要更深入的理解。也就是说，我们需要**"明白的能力"**。

这就是我最开始时说过的话。
如果你死记硬背了公式和解题方法，那你可能确实"会"解题。
但是，这样不利于应用，解决问题的范围不会扩大。

我们来总结一下前面所探讨的内容吧。
我想读到这里的人，会很容易理解。
其实，**"明白"问题的解法，就是"明白解法的构造"**（这点很重要！）

如果遇到了很难的应用问题，就用下一个流程来攻克吧。

"哪个工具和哪个工具的组合"非常重要。自己不懂就试着问问擅长的朋友吧！（如果还是不明白，就问老师……）

最后还有一件事要做。

那就是"口头说明解法"。

不用具体数值，可以口头讲解："这道题，因为这样，这样做再这样做，就得到了这个结果！""把这里补足，就能求出面积，再把它除以 2 就可以了！"这样的形式也可以。

也就是说，不用公式计算，而是用语言来解释过程。

能做到这一点才算是真正"明白了"，可以放心地前进到下一道问题了。

更进一步，为了从本质上"明白"，请意识到以下三种能力：

1. 从实验中推导的能力

2. 理解错误答案的能力

3. 联系实际生活的能力

1·从实验中推导的能力

在数学中，**重要的是自己发现规律。**

试着写出来，或者换成简单的数字，当你觉得"原来如此"的时候，便能加深理解。

深刻理解后，就很难忘记学到的知识，也具备了应用能力。

请思考下面的问题：

< 问题 >

将 A、B、C、D 4 个人排成一行，有多少种组合方式？

怎么样呢？

擅长数学的人会用公式，

也许可以回答"4！=4×3×2×1=24"。

不过，这个公式是如何被推导出来的呢？

这里需要的是**从实验中推导的能力。**

不依靠公式，我们先把它写在树形图上。

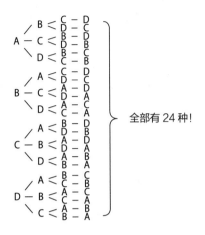

怎么样呢？数一数就知道有 24 种了。

但是，有点麻烦啊。如何简化呢？

没错，好像可以用计算求解。

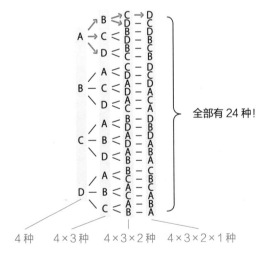

4 种 　　 4×3 种 　　 4×3×2 种 　　 4×3×2×1 种

这样通过实验可以从本质上加深理解。

而且，这个方法不仅仅用于推导公式。

让我们来思考下一个问题：

<问题>
（1）请用循环小数来表示 5/6。
（2）请用循环小数来表示 2/7。

笔算自然可以求解。

笔算时，方法如下：

```
      0. 8 3 3 3 3
6 )  5. 0
     4  8
        2 0
        1 8
          2 0
          1 8
            2 0
            1 8
              2 0
              1 8
                2
```

$5÷6=0.8333\cdots=0.8\dot{3}$

让我们以同样的方式做（2）。

特辑

第1章

第2章

第3章

英语

数学

语文

理科

文科

```
       0.285714285714285
   7 ) 2. 0
       1  4
          60
          56
            40
            35
              50
              49
               19
                7
                30
                28
                 20
                 14
                   60
                   56
                     40
                     35
                       50
                       49
                        19
                         7
                         30
                         28
                          20
                          14
                            60
                            56
                              40
                              35
                                5
```

与（1）相比，计算（2）时可能会担心这会是循环小数吗？但后面确实在循环。为什么呢？

不知道原因的人，请一定要继续计算（虽然有点麻烦），直到循环为止。

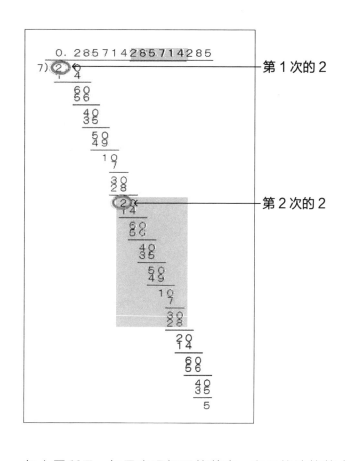

第 1 次的 2

第 2 次的 2

　　如上图所示，如果出现相同的数字，之后的计算就会重复。

　　除以 7 得到的余数只限于"1~6"这 6 个数字，所以在某个地方一定会出现同样的数字，形成循环结构。

　　如果你实际动手实验，就会发现这是一种"理所当然"。通过积攒实际经验，就能不断培养数学能力。

2・理解错误答案的能力

做数学题时，答案和自己的结果有时会不一样。

答对了那无可厚非，但是如果答错了，自己必须找出哪里错了。

在这个时候如何应对，数学能力会因此产生很大的差别。

有很多同学觉得"参考答案的解法一定是正确的，要记住这个解法"，这很危险。

因为没有找出自己错的原因。

擅长数学的孩子，反而会执着于"为什么错了"。因为只有在自己的解法和答案不同的时候，才能更深入地学习数学。

这样的孩子也会积极回答其他孩子的问题。数学能力会通过学习"哪里错了"而得到拓展。

例如下面这个问题的解答，对比错误答案和正确答案，试试找出哪里错了。

· ·

＜问题＞
投两枚硬币。求出 1 张正面、1 张反面的概率。

· ·

错误答案：

正面和反面的组合是（正面，反面）=（2，0），（1，1），（0，2）共 3 种，所以成为（1，1）的概率是 1/3。

怎么样呢？你注意到哪里错了吗？
请看正确答案。

正确答案：

由于每个硬币有正面和反面 2 种，所以总共有 2×2=4 种组合，即（正面，正面），（正面，反面），（反面，正面），（反面，反面）4 种。

正反各 1 个时，需要思考哪个硬币是正面，结果有 2 种。

所以概率是 2/4=1/2。

如果出现像上面那样回答错误的情况，要和正确答案对比，并思考"为什么弄错了"。在这个错误答案中，错误原因是"没有区分硬币"。

在概率的计算上，大原则是"相同的东西也要区分思考"。

"原来如此，那为什么相同的东西也要区分呢？"越来越多的问题出现了。感兴趣的同学一定要思考一下。

不要只学习正确答案，理解错误答案，找出错因，数学能力才会不断地拓展。

3 · 联系实际生活的能力

例如，有一篇文章写道："汽车以每小时 60 公里的速度行驶了 20 公里。"

"从现实角度考虑，有红绿灯和堵车，怎么可能一直以时速 60 公里的速度行驶呢？"是不是有人想质疑呢？

也有人会觉得"从现实的角度来看自然不可能，但算术、数学问题，就不要较真了"。

这样的问题真的与现实无关吗？

数学 I · 数学 A
第 2 题（必答题）

[1] 某某高中学生会策划在文化节销售 T 恤，把收益捐赠给志愿者团队。学生会执行部需要决定出能获得最大利益的价格。

这个问题作为 2020 年度（2021 年 1 月）开始实施的"大学统考"的预测，是结合高中二三年级学生的实际生活提出的问题。

这是一个决定价格的问题，在文化节上销售 T 恤时，如何获得最大利润。

完美的预想自然不可能实现，所以我们从现实出发提出了各种假设。

例如，通过问卷调查来预测不同价格可以销售的件数（想要详细了解的同学试着检索问题吧！）

通过这个问题想传达的是，**在考虑现实问题的时候，必须在某种程度上"简单化（理想化）"。**

以预测来说，就是以问卷调查为基础简化决定卖多少件。

这样我们就能用数学解决（考虑）现实中的问题。

回到第一个例子，如果你想知道还有几分钟能开到目的地，想来也是简单地算一算"还有几公里，时速多少公里"。

肯定不会想"这条路线有几个红绿灯，几分钟变灯"。

考虑现实问题时，重要的是排除难以想象的要素，或者补充条件，使其更容易思考。

这样考虑，应该就能把数学应用到平时的生活中。

>> 什么是"必要的练习量"

接下来，我想谈谈"必要的练习量"。

"必要的练习量"因人而异。

基准是能否立马做到前文提到的"口头说明"。看了问题，不花时间便能解释："这个问题，就是这样做、这样做，最后结果是这样！"

达标次数会因问题的难易度和大家的学习能力而变化。

为此，所有人都必须做的是**"重新解答，直到可以解放双手"**。

正如本书第 1 章所写的，**学习就是把"不会"变为"会"**，所以在做不到的问题变得能做到之前，必须反复地重新解答。

"改正错误"才是学习。

正如前面在平行四边形的例子中所说的那样，死记硬背公式和解法没有意义（可以解答那个问题，但是不会解答其他应用问题）。

"明白"支撑着"会"，把每一道题都理解透彻吧。

有人会问："应该反复解答几次呢？有标准吗？"首先推荐**"解答三次"**。不会解的问题自不必说，会的问题也要重新解答。

会解答的问题应该注意**"速度"**。

数学考试时间有限，解题时请思考："以这个速度，你能在考试时间内解答出来吗？"

另外，忙于社团活动的人，**"目视解答"**（不动手，口头说明）也可以算一次，但还是要经常提高"三次"意识。

有时间的人请动手解答每一道题，静心坐下与问题搏斗吧。

>>> 预习

（为上课做准备：分为"会"和"不会"）

首 先 从 这 里 开 始

STEP

1　了解课堂所讲的范围，通读课本。

进入新单元的时候，课前先通读课本吧。

STEP
2

如果知道了需要在课堂上解答的问题，就试着做一做吧，把"能解到哪一步"和"哪里不明白"区分开。

（法则①：把疑问写在课本或笔记本上）

如果你知道课堂上要做的题，或者手里有发的讲义，请在上课前解答一下。它们一般会被留成作业。

如果有作业，一定要在课前解答一下。**"自己动手"的经验对数学尤为重要**。在听讲解之前，一定要自己动手思考。

做几何题时，**请将图形绘制在笔记本上**。通过画图，图形的构成会自然地印入大脑。

面 向 有 余 力 的 人

STEP
1

对于不会解的题，回看课本，试着给出方案和答案。

（法则②：事先准备好"自己的答案"）

即使不会，也要以自己的方式解答。错了也没关系，因为这是预习啊。

错了反而更能有效地利用课堂。另外，自己不会解，就重新看看课本和讲义，再次解答吧。

>>> 上课

（为复习做准备：把"不会"变为"会"）

首 先 从 这 里 开 始

^{STEP} **集中聆听在预习中"不会的地方"。**
1
（法则 ③：张弛有度地全面运转大脑）

事先看过课本或者解答过问题后，以不会的地方、没有自信的地方为重点，集中听讲吧。

^{STEP} **认真做笔记。**
2
（法则 ④：记录之后想要回看的笔记）

除了板书之外也记下笔记吧。**数学中重要的是着眼点**。也就是说，"着眼于题面的哪些信息来决定解题方法"。

有很多老师不写板书而是口头讲解，所以要好好记笔记。 这对之后重新解答十分有效。

$$2xy - 2yz + 2zx - x^2 - y^2$$
$$= -(x^2 \mp 2xy \pm y^2) + 2zx - 2yz$$

注意符号

$$= -(x-y)^2 + 2z(x-y) \qquad = (x-y)\{-(x-y)+2z\}$$

提取公因数

$$= (x-y)(-x-y+2z) \qquad = (x-y)(-x+y+2z)$$

符号错误

特
辑

第
1
章

第
2
章

第
3
章

英
语

数
学

语
文

理
科

文
科

面 向 有 余 力 的 人

STEP
1
在课堂上记忆。
（法则⑤：在课堂上尽力记忆）

被动听讲对之后的解题没有帮助。"之后自己一个人也会解吗？"带着这个意识听老师的讲解吧。

STEP
2
思考其他解法。

在数学中，只要遵循正确的顺序，不同的解法也是被认可的。有能力的同学请思考"有没有其他解法呢？"活用已学知识。

意欲追求他解的人，是能把数学学好（有潜质）的人。

>>> 复习
（为考试做准备：保持"会"的状态）

首 先 从 这 里 开 始

^{STEP}
1　回看笔记。
　　　　（法则 ⑥："记忆型"复习）

上完课的当天，要回看自己的笔记，复习课堂内容。

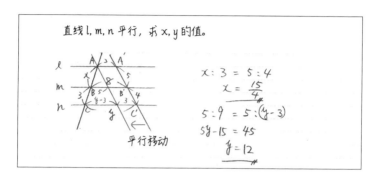

^{STEP}
2　"目视解答"课堂上做过的问题。
　　　　（法则 ⑦："解答型"复习）

这也是希望大家在有课的那一天内做的事情。

有课的时候，可能社团活动也很忙。首先，让我们从"目视解答"开始吧。

既然是"目视解答"，那么在这个阶段就不需要动手计算。像前面所说的，"这个问题，因为这样，所以这样做、再这样做，就能得到这个结果！"能这样讲解即可。

如果遇到难题，可以想想是什么工具和什么工具的组合（→ 116 页）。这样就更容易讲解了。

第 3 章　各学科的学习方法　　**137**

STEP

3 如果有问题集请解答。

可以使用相同单元的问题集确认"明白"和"会"的状态。**数学取决于动手量。**在这里就认真计算吧。

别忘了打分和重新解答！**打分就当场打吧。**如果等到第二天再去做，就必须从"想问题"开始，太浪费时间了！

另外，**问题集不要写满。**那样不便于重新解答。

给解答出来的问题加上日期。对于错误的问题，加上日期，在题号上做标记。

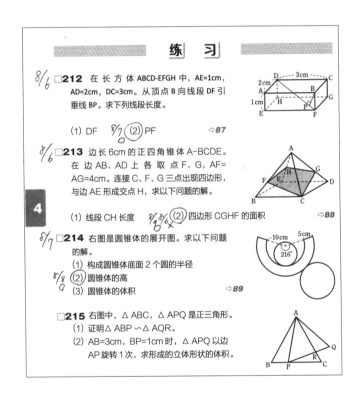

练 习

8/6 □**212** 在长方体 ABCD-EFGH 中，AE=1cm，AD=2cm，DC=3cm。从顶点 B 向线段 DF 引垂线 BP。求下列线段长度。

(1) DF　8/7 (2) PF　⇨87

8/6 □**213** 边长 6cm 的正四角锥体 A-BCDE。在边 AB、AD 上各取点 F、G，AF=AG=4cm。连接 C、F、G 三点出现四边形，与边 AE 形成交点 H，求以下问题的解。

(1) 线段 CH 长度　8/8(2) 四边形 CGHF 的面积　⇨88

8/7 □**214** 右图是圆锥体的展开图。求以下问题的解。

(1) 构成圆锥体底面 2 个圆的半径

8/8 (2) 圆锥体的高

(3) 圆锥体的体积　⇨89

□**215** 右图中，△ABC，△APQ 是正三角形。

(1) 证明 △ABP ∽ △AQR。

(2) AB=3cm，BP=1cm 时，△APQ 以边 AP 旋转 1 次，求形成的立体形状的体积。

⇨89

8/9 □**216** 在 长 方 体 ABCD-EFGH 中, AE= 3cm, AD=3cm, DC=4cm。如右图所示, 有四面体 DBEG。

(1) 求四面体 DBEG 的体积。

(2) 求从点 G 向 △ BDE 引垂线的长度。

⇨90

💡提示 212 (2) 利用直角三角形的相似

148 | **第4章** 勾股定理

摘自《系统数学 2·几何篇》(数研出版)

- - - - - - - - - - - **面 向 有 余 力 的 人** - - - - - - - - - - -

STEP

1 周末动手。

平时可以"目视解答"课堂上学过的问题,但周末一定要动手写下计算过程。

会解答的问题要注意把握时间。

不要嫌麻烦,一定要亲自动手!

STEP

2 试着重新制作错题笔记。

课堂上讲过的问题和问题集中解过的问题,如果有"错两次以上的题",试着写在错题笔记上吧。

笔记可以这样书写:

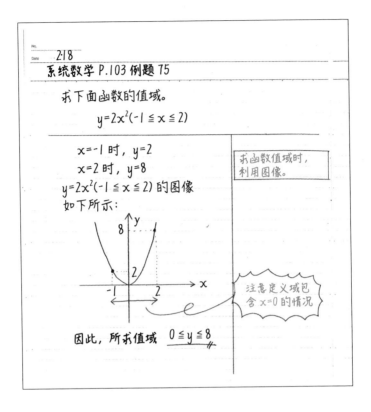

要写的内容有三项。**题面、解答过程和要点。**

题面可以写，也可以复印下来贴上。计算问题也试着做一个错题笔记吧。

这个笔记非常珍贵，因为这是专属于你的原创"易错问题集"。

考试前只要把这个反复琢磨透，就没什么大问题了。

>>> 考试

（为预习做准备：检测能否长时间保持"会"的状态）

首 先 从 这 里 开 始

STEP
1
重新看以前的考试。

（法则 ⑧：把握考试出题的"趋势"）

让我们重新审视一下到目前为止的考试吧。

"如果你会解答课堂上讲过的问题，你能拿到多少分呢？"

"如果你会解答课本上的基本问题，你能拿到多少分呢？"

"如果你会应用问题……"

"如果你能解开教辅的习题……"

"市面上的练习册能解答到什么程度……"

让我们来分析一下。

如果自己难以分析，可以请教擅长数学的朋友："解答到什么程度才算可以呢？能拿到多少分呢？""想要拿 80 分，应该做些什么好呢？"

STEP
2
重新解答迄今为止做过的问题。

（法则 ⑨：根据趋势制定"对策"）

终于来到了考试对策，**首先应该着手的是错题笔记**。

正如刚才所说，错题笔记是专属于你的原创"易错问题集"。

收集的全是考试中易错的问题。让我们先从这里重新解答吧。

>>> 跳出课本！

在英语的"跳出课本"那部分内容中，写了两种享受学习英语的方法：

第一个是增加"能做的事"，第二个是寻找"兴趣入口"。

关于寻找"兴趣入口"，英语有听外文歌曲、看外国电影等方法。音乐、电影是司空见惯的东西，所以英语有很多熟悉的入口（语文的入口是"读书"）。

对于数学来说，达到"我知道了""解开了"的状态才是最令人开心的事。

这种喜悦感就是"兴趣入口"。

如果你想爱上数学，可以增加"能做的事"。认真对待现在正在解答的问题。

如果跟不上，最好向老师请教一下，请老师介绍复习用的参考书、练习册。回到受挫的地方继续学习吧。

但是，作为"头脑体操"，试着解答不同于大家所做的问题，也是很有趣的。

语文学习方法

>> "5 门科目中哪一门最重要"

我问了辅导班的学生们这样的问题。

"5 门科目中，你觉得哪一门最重要？"

不过这个问题是一个坏问题，会让孩子们产生误解。

但我还是问了出来。结果怎么样呢？

几乎所有的学生都回答说"英语"或者"数学"。

这是为什么呢？

大概是因为"英语和数学是主科，及格分数比其他副科要高很多"。

"英语、数学比其他科目更伟大"，有这种错觉的学生应该不多，但大多数初中生都认为"英语和数学很重要"。

这两门确实在考试中是关键科目。那么，语文如何呢？

或许大家都是这样看待语文的：

"从小学就学语文，本就是母语，我会说。"

但是，这个想法是非常危险的。

最后，语文被迫走上了"配角"的道路。

这样真的可以吗？

我要说的是，**语文支撑着所有科目的学习**。

除了英语外，其他科目的课本都是用母语编写的，这一点自不必说，学校的课程也是用母语授课的。

进一步说，考试题也是用母语呈现的。

正在上初中的你们，随着升学，一定会遇到很多"难"题吧。

那个感到"难"的问题，很多其实是题面难。

题面难就是很难理解"在问什么"，不知道该回答什么才好。

任何科目都是这样。英语、数学、理科、文科都一样，当然语文也是。

首先是不能理解"在问什么"（应该回答什么）。

擅长语文的人也擅于理解问题。

问题是用母语书写的，而令你认真掌握这种语言的科目就是语文。

怎么样？觉得语文变得重要了吗？

>> 语文也支撑着生活

进一步说，语文不仅支撑着所有科目的学习，也支撑着生活本身。

为什么呢？

那是因为我们在使用语言思考问题。

因为我们在使用语言表达自己的想法。

没有语文这门学科也能进行日常交流。"那个人真烦啊""这真了不起啊"，想传达的信息也能传达给对方。

但是，却传达不出"具体怎么烦呢？""'真'有多真？""'厉害'具体说是怎样的呢？"

也就是说，**为了尽可能准确地传达自己的想法，必须学习语文。**

同样，为了尽可能准确地理解对方的想法，也必须学习语文。

这是因为，如果自己只知道"烦死了""真了不起"这种话，就不能理解对方的想法。

结合前面所说，你会发现语文是用来**"正确理解别人的想法、准确传达自己想法"**的科目。

大家绝不能以为"语文就是汉语，总会有办法的！"

如果放任不管，注意到时就会为时已晚，将来你可能会成为只会日常交流，也就是只会"闲聊"的人……

那么，语文到底该怎么学呢？

>>> 语文所要求的四种能力

首先，语文所要求的能力有以下四种：

1. 阅读能力
2. 写作能力
3. 聆听能力
4. 表达能力

课本也分为这四部分。语文和英语都是一样的。

这四部分综合起来就是"语文能力"，重要的是要均衡地锻炼它们。

不过，在平日里的学习中没有必要将它们特意分开。"哦，最近听力能力见长了啊……""下周试着把重点放在写作能力上吧……"这样想是很奇怪的。

首先，这四种能力是复杂地交织在一起的。"广泛阅读，具备阅读能力后，写作能力自然也会跟着提升""经常练笔，也就具备了说话的能力"等，它们互为支持。

所以，理想的途径是不要分开考虑，平时不用特别在意，注意到的时候已经迅速提高了——请持有这样的想法吧。

那么，学习语文时，应该意识到什么呢？

有以下四点：

1. 积累词汇
2. 思考语言逻辑
3. 增加背景知识
4. 持有自己的想法（加入感想）

这是非常重要的四点，让我来好好讲讲吧！

1 · 积累词汇

"词汇"是指可以使用的词语的量（英语中也称为"词汇量"）。积累词汇包括掌握字的读写、词语的意思（包括成语、谚语、惯用语）等。

小学时，语文作业有字词练习，但初中没有。然而我们不可以就此松懈。不是要你们继续做字词练习，而是希望你们要牢记课本里出现的字词。针对字词测试进行学习也是一种有效的学习方法。

随着年级的升高，晦涩难懂的文章会越来越多。当你感到"难"的时候，一般都是词汇难以理解。在这个阶段几乎不存在"词汇很简单，但不明白文章在说什么"的情况。

语文课文大致可以分为"说明性文章"和"文学性文章"两种，而容易令人难懂的是"说明性文章"。

此时能够帮助我们理解课文的便是词汇。很多"不擅长语文"的人，往往是因为缺乏足够的词汇，所以要尽早开始努力增加词汇量。

需要做的事很简单。**如果出现了不知道的词，一定要用字典查阅并当场记住。**只要坚持，大家的词汇就会在不知不觉中变得丰富起来。

2·思考语言逻辑

文章一定要有人读，说话一定要有人听。有想要传达的信息就要写下来或者说出来，如果不传达给对方就没有任何意义。

那么，可以传递出信息的文章、话语是怎样的呢？它们是**"语言逻辑很清晰"**的文章、话语。

具体说明一下。首先，请看下面两位同学的表达。两个人在谈论"最喜欢的季节"，A 同学和 B 同学，谁的话更容易让人听懂呢？

A同学：去年暑假，我去了奶奶家，很开心。我和朋友
　　　　一起去了游乐园。暑假很长，可以做很多事
　　　　情，所以我喜欢。我也去了游泳池，很开心。
　　　　夏天的游泳池很舒服。我最喜欢夏天。

B同学：我最喜欢夏天。理由有两个：第一，可以去游
　　　　泳池。只有夏天才能舒服地进入室外游泳池；
　　　　第二，有暑假。暑假很长，可以去奶奶家玩，
　　　　也可以和朋友一起去游乐园。因为这两个原
　　　　因，我最喜欢夏天。

　　虽然说的是同样的内容，但是B同学的话更容易让人听
懂。这么短的表达，却有这么大的差别。如果就这样说10分
钟左右，会有更大的差距吧。

　　B同学说的话，听着听着，信息就进入了大脑。其理由是，
语言逻辑很清晰。结论明确，原因也支持结论。

　　B同学一定是在说话之前，就事先想好了要说的话，考虑

清楚逻辑之后才开口的。说话、书写时，把逻辑弄清楚，就会变得易于理解。

阅读也一样。像语文课本上的"说明性文章"，逻辑都很清楚。作者想要传递的只有一件事，会细心地表达出来。仔细追寻，其逻辑凭借的就是阅读能力。

聆听的时候也一样，"这个人想说什么呢"，追寻其逻辑，话语就会变得容易理解。

思考语言逻辑，对于阅读、写作、聆听、表达都至关重要。

3·增加背景知识

你们有谁是足球队的吗？我从三岁开始踢足球。如果课文里出现了关于足球的文章，我会觉得"很亲切"，读起来也很顺畅。

如果是玩篮球的人，看到关于篮球的文章一定觉得"很亲切"吧。吹乐器的人也一样。为什么呢？是因为自己有背景知识。**有背景知识，读文章就会变得格外容易。**

特别需要背景知识的是"说明性文章"。

阅读时，"咦？我还没见过这样的文章呢？"这样就麻烦了。"哦，这个主题啊，很久以前，我看过类似的。"这样就太好了。如果对某个主题已经具备了一定的知识（称为"既有知识"），新的信息就会流畅地进入大脑。

另外，在写和说的时候也需要背景知识，因为它是思考事物的基础。我将在下面的"持有自己的想法"中进行具体说明。

4·持有自己的想法（加入感想）

"根据这篇文章，自由书写你的想法"，看到这样的问题，可能总是会有人心惊胆战。

"想法？！没什么特别的……"虽然是"自由书写"，但是没有思路。

假期的读后感也一样吧？即便是自由地叙述读后感，也不能写得很好。

但是，没关系。因为不仅是你，很多学生都是这样的。有一个世界性测试（PISA：学习完成度调查）也证明了这一点。

但进入社会后持有自己的想法是很重要的。

我 20 岁就开了一家公司，比周围大学的朋友更早地进入了社会，在那里我深切地感到有自己想法的重要性。

在学生时代，除了认真交流的时候，大家一般都是闲聊，其实说出自己想法的机会不多。但是，走上社会后，开始与很多企业和学校的人进行洽谈，经常会被问到的问题是："清水先生怎么看？""您的意见呢？"

例如，我除了管理辅导班之外，还与学校和教育委员会合作，帮助他们提高学校和地区的教育水平。他们会问我："我们镇明年开始想实施这样的教育课程，清水先生您怎么看？"

如果我回答"嗯，没什么特别的想法"会怎么样呢？"这个人没有自己的想法，请他来洽谈没有意义。"如果是这样，下次他们可能就不会再叫我了。所以，我会绞尽脑汁地说出自己的意见，来避免此类事情的发生。

虽然习惯这些变化花了很长的时间，但我学到了，一旦进入社会，就是会被问到"自己的意见"。

这个时候需要的就是刚才提到的"背景知识"。如果我几乎没有关于教育的知识，那么无论我如何绞尽脑汁，都无法发表意见。

写文章也一样。即便是"请自由发挥"，如果没有关于这个主题的知识，就压根儿写不出来。

通过阅读各种文章或者听别人说话来增加背景知识吧。另外，增加看报纸和新闻的机会吧。

在看书时，也加入自己的感想吧。脑海里浮现出"如果是我，就会这么想"，就太棒了。

在考试中，也有越来越多的题目让你描述自己的想法。尽早开始准备吧！（其中之一就是特辑中介绍的"报纸学习法"。）

>>> **预习**
（为上课做准备：把"会"和"不会"分开）

 首 先 从 这 里 开 始

STEP
1　首先通读全文。

不出声也没关系。一开始，我们要努力理解课文所讲的内容。

STEP
2　朗读并写出不懂的字词和表达。
　　（法则 ①：把疑问写在课本或笔记本上）

接下来进行朗读，因为默读容易漏掉不懂的字词和表达。

另外，课本中通常会总结新出现的字词和表达，所以活用这一版块，把这些字词和表达写在笔记本上吧。

STEP
3　事先查阅不懂的字词和表达。
　　（法则 ②：事先准备好"自己的答案"）

借助词典或网络查一查看不懂的字词和表达吧。

顺便了解一下作者吧。可以在网上搜索一下，有资料集的同学，也可以在上面查一下。

拥有"课本指南"的同学，也可以用它来查阅字词和表达。

在一词多义的情况下，有时很难判断课文中使用的是哪个意思，但是"课本指南"会写。

另外，对于词句的说明和普通的词典也会不同，因为是面向初中生所写的，所以更易于理解。如果手头有"课本指南"，请好好利用吧。

面 向 有 余 力 的 人

STEP

1　先解答一下"课本练习册"上的题。

通过阅读课文、解答问题，应该在上课前就明确地区分出"会"和"不会"了。"一上来就要解题有点……"这么想的人，可以只做练习册上总结了"梗概"和"段落结构"的补充问题，试着自己解答吧。这样也能预先了解课文内容。

"上课前解题，不是会有很多题不会吗？"有些人可能会这样质疑，但这才是事先解题的意义所在。

上课前要明确知道"不会"的部分，这也会改变你的听课方式。

心里想着"练习册上的这个问题不懂，听老师讲讲吧"，以这样的心态去上课，就会比以前更积极。

STEP

2 把"课本练习册"中设问的地方写在 Q&A 卡上。

首先，用 1 张大尺寸（周围留有很大空白）的卡纸等比复印课本。保证课文周围会留有很大的空白。

要点是确保留出足够大的空白作为书写空间。让我们把这个复印卡变成独创的 Q&A 卡吧。

在预习阶段可以按如下方式制作 Q&A 卡：

首先，**在设问的地方画线，在旁边写入自己的问题**。不需要完全照抄题面，像写笔记一样写上"为什么？""什么样的心情？"等即可。

然后，**把问题的答案写在复印卡纸的空白处**。也不必完全照抄练习册答案，可以简化写，自己明白就行。让我们在上课前以自己的方式预想，"为什么会是这样的答案"。

(注) 把问题的答案写在复印卡纸的空白处是为了在复习过程中重新解答时看不到答案。

能看见彩虹的桥

杉美纪子

⊃ 目标

- 注意表现人物想法的表达、情节的展开，加深对作品的理解。
- 着眼于表现少年心情的表达、行为的描写，捕捉其心情的变化。

雨停了。

头顶上的云层出现了缝隙，露出了一点蓝天。

把手提包平放在头上，提着校服裤子的下摆，急于小跑的少年，没注意到雨已经停了一段时间。因为他在想心事。

少年走在一条黑色湿湿的柏油路上，用一种无关紧要的眼神望着随自己脚步溅起的小浪花。

Ⓐ1 什么心情?

最近一切都不顺利。前几天考试成绩不好。妈妈叫我停止课外活动。和好朋友因为一点小事闹翻了。买喜欢的 CD 的零花钱不够。除此之外，还有几个具体说不出来的烦躁。

Ⓠ1
"无关紧要的眼神"是什么样的? 表示什么心情?

Ⓠ2
发生了什么? 到底发生了什么事?

Ⓐ2 什么心情?

觉得雨只落在自己身上。既然淋湿了，索性湿透吧，心情反而会更轻松。

Ⓠ3
我在想为什么那个样子?

　　刚要迈入国道的人行道，红灯就亮了。因这样的小事感到更焦躁，少年轻轻地踏步。

Ⓐ3 什么心情?

　　刚才身后就传来小孩子们的声音。一边心不在焉地想着自己也有那样的时候，一边呆呆地等着绿灯。之前孩子们拉拉杂杂的聊天声，突然在少年耳旁变成了有清晰含义的叫声。

Ⓠ4
指什么?

Ⓠ5
想一想大家有这样的经历吗? 那是什么呢?

　　"彩虹出来了。"

　　"有彩虹，有彩虹。"

Ⓠ6
这表示什么?

　　情不自禁地回望，抬头看着孩子们直指的天空，是啊，确实有彩虹。像是用红、黄、绿的粗蜡笔一口气划出的线条，鲜艳地横跨在灰色的天空上。

答案:

Q1 → 无所谓，以敷衍的心态看待事情。表示马虎的心情。心情不好。

A1 → 低落的心情。

Q2 → 指后面列举的一系列事情。

Q3 → 因为"最近一切都不顺利"。

A2 → 敷衍的心情。

Q4 → 指前面的"刚要迈入国道的人行道，红灯就亮了"。

A3 → 怀念天真的童年时代，对现在的自己自暴自弃。

Q5 → 自己玩游戏的时候也被妈妈批评过，因为过于沉迷了。

Q6 → 彩虹。

>>> 上课

（为复习做准备：把"不会"变为"会"）

首 先 从 这 里 开 始

STEP
1 集中注意力听预习中不明白的地方。

（法则 ③：张弛有度地全面运转大脑）

确认查阅过的字词的读音和表达是否正确。要注意，有时
在预习中有些字词的读音和表达的意思只是自认为明白了，其
实是错误的，所以在课堂上不要松懈。

面 向 有 余 力 的 人

STEP
1 认真记笔记。

（法则 ④：记录之后想要回看的笔记）

板书自不必说，老师口头上的讲解也要记下来。**板书记在
笔记本上，口头讲解写在 Q&A 卡上吧。**

上课时，重要的是对照预习时所写的练习册的解答。对于
练习册中自己不懂的部分，老师是如何讲解的？或者练习册中

设问的部分和老师提出的部分有什么不同？上课时有意识地注意这些地方吧。

STEP 2 在课堂上记忆。
（法则 ⑤：在课堂上尽力记忆）

在课堂上尽量记住字词和表达等应该记住的东西吧。掌握字词的标准是：不仅可以阅读，还可以写作；掌握表达的标准是：不仅可以读懂，还可以自己使用（能够写出例句）。

STEP 3 着眼于自己的阅读和老师阅读之间的差异（偏差）。

在预习的"面向有余力的人"的版块中提到，要把"课本练习册"中设问的地方写在 Q&A 卡上。与练习册的答案不同的同学，我认为要把这两个答案都写在 Q&A 卡上。

也许，练习册的答案和老师的讲解，与自己写的答案都不一样。

没关系，这样也是可以的。究其原因，是因为**语文阅读没有明确的标准答案**。特别是文学性文章，不同的读者有着完全不同的理解。

一边着眼于差异一边听课吧。届时为了区分预习时写的内容和上课时写的内容，可以**在改变书写颜色等方面动心思**。

STEP 4 针对差异请教老师。

有时在课堂上听老师讲解后，问题便得到了解决，但有时候听了课也不能理解，那时候就直接请教老师吧。

请老师看看在预习中制作的 Q&A 卡，应该会有更好的讨论。本来语文的阅读理解就没有明确的标准答案，所以要珍惜这样的差异。

>>> **复习**
（为考试做准备：保持"会"的状态）

 首 先 从 这 里 开 始

STEP

1 回看笔记（课前、课后）。

在课前 1 分钟里，回看上节课所学的知识。另外，在课后 1 分钟里，回看本节课所学的知识。

不仅要记住字词和表达，最好还记住课堂上令人印象深刻的事情（读懂主人公的心情、记忆深刻的描写等）。

STEP

2 再次朗读。

这一步在家里做吧。在课堂上学过之后，应该能理解字词和表达，课文内容也应该更清晰地记入了脑海，再次阅读时一定变得更容易了，这样能切实感受到成长。

STEP **3**　记住字词和表达（字词的读写、表达的意思等）。

（法则 ⑥："记忆型"复习）

让我们来确认是否还记得试图在课堂上记住的事情。记住字词的标准是：不仅会阅读，还会写作；记住表达的标准是：不仅能读懂，还能自己使用（能够写出例句）。

如果字词很难记住，可以查阅一下关于这个字词的熟语，或者通过部首增加印象。

面 向 有 余 力 的 人

STEP **1**　**参考"课本指南"。**

课后自己的 Q&A 卡上，应该有两块内容：一是预习中看练习册时写的内容，二是上课听老师讲解时写下的内容。

回顾这两块内容，对比"课本指南"中的说明，也一并写上吧。

对比已经写入的内容，如果有不一样的地方，就可以从不同的角度重新审视课文。如果答案一样，也可以再次确认其内容。

"课本指南"上的答案尽量用其他颜色的笔写吧，要和之前的两个答案有所区分。

STEP
2
灵活利用 Q&A 卡。

（法则 ⑦："解答型"复习）

熟练此前的流程后，自己的 Q&A 卡上应该会写有很多
"Q" 和 "A"。看看 "Q"，确认一下能不能马上想到相应的
"A"，接着确认能否很好地说明从 "Q" 到达 "A" 的想法。

看 Q&A 卡上的内容，应该能马上回想起之前的想法和上
课时老师说的话。在重复这些工作的同时，确认自己对课文内
容理解到什么程度吧。

STEP
3
试着概括课本。

特别是说明性文章，概括全文可以加深理解。尽可能简短
地总结 "作者想传达的事情" 吧。不知道对不对的时候，问问
朋友和老师的意见比较好。

只是，有些人可能会感到困扰："突然让我做摘要……"

这样的同学**可以先向家人讲解**。试着向妈妈等家人简要地
说明一下课文的内容。

原本以为听了课自己已经懂了，但跟别人讲解时却意外地
难。根据对方能否听懂，可以确认自己是否真正理解了内容。

STEP
4
找到感兴趣的种子 → 查阅相关的书。

（阅读课文的出处）

有时间的同学或对课文感兴趣的同学，不妨阅读与课文有关的书，或同一作者的书。课文一般是"新编"（为课本所写）或者"引用"（引用某位作者的作品）中的一种。

如果是"引用"，可以试着挑战阅读其原著或原文。

>>> 考试
（为预习做准备：检测能否长时间保持"会"的状态）

首 先 从 这 里 开 始

STEP
1
回看以往的考试。
（法则 ⑧：把握考试出题的"趋势"）

让我们重新审视一下到目前为止的考试。恐怕，大部分题目都出自以往的课堂吧。语文大多是从学过的知识中出题。

STEP
2
复习所有学过的知识点。
（法则 ⑨：根据趋势制定"对策"）

如果是从课堂出题，就以所学知识为中心再次复习吧。届时，前面所做的 Q&A 卡应该会非常有用。

面 向 有 余 力 的 人

STEP

1 试着解答以课本为依据的练习册。

仅靠 Q&A 卡，练习量还不够，可以活用市面上的练习册（以课本为依据）。

>>> **跳出课本！**
（读和写）

还记得前面说过学习语文时要意识到的四点吗？

1. 积累词汇
2. 思考语言逻辑
3. 增加背景知识
4. 持有自己的想法（加入感想）

除了学习课本知识，阅读还能促进这四个方面的提升。

可能有同学会说："阅读？我不想看书。"

但是，没关系，我以前也不喜欢阅读。其实阅读是有"诀窍"的，请放松听。

>> 阅读有两种类型

首先，我认为阅读有两种类型，即主动阅读和被动阅读。这两种类型有如下不同：

- **主动阅读：试图获得一些东西而阅读。**
- **被动阅读：为了享受而阅读。**

并不是说哪种更好。想要养成阅读习惯的人，阅读前请思考：主动阅读和被动阅读，从哪个开始呢？

>> 主动阅读是什么

首先，让我们来谈谈主动阅读。这是一种寻找自己想要的信息的阅读。

大家也有因为"调研学习"和"制作课题报告"而被迫看书的经历吧，但实际上这也是一个很大的契机。

我也是。是 14 岁（初中二年级）的时候。

当时我们初中有一个关注社会问题的课题，要求自由写作，频率是每个学期一次。"宽松教育的是非曲直"在当时颇受争议，所以我顺应潮流选择了这个主题。

说实话，很麻烦，我只好拿起一本书开始查阅。一开始我根本读不下去这种深奥的书，很受挫。受挫就写不出报告，所以我试着从能看得懂的书开始看。

"从看得懂的书开始阅读"这个方法很好，渐渐地就习惯了阅读。那时候觉得"看大人们的书，我可真是有点能耐……"，最后还是看完了那本书，写出了报告。

但是，这样的书很难懂，平日里根本不想看。写完报告，就不会再看了。这是理所当然的。

所以，我想了一个办法：**每个学期的报告都写相关的主题**。也就是说，写作的大方向是一样的。

就教育问题而言，如果在第一学期写"宽松教育"，第二学期就围绕这个，写"入学考试制度"。那么，关于教育问题的知识（背景知识）就会一点点记入头脑，所以即使主题变了，相关的书也能看懂。

我的学校是初高中一贯制，一直到高一都有那个课题，所以三年来我一直写与教育相关的话题。

最后，很难的书我也能看懂了！我自己也吓了一跳。

人是很有趣的，难的东西觉得无聊，立马就想放弃，**但是搞懂之后就会变得开心**。我之所以能走上教育的道路离不开中学时代的这段经历。

如果你们学校也要求制作课题报告，推荐大家每次围绕一个主题方向（周边的主题）去写。

好不容易查了一个主题，如果下次换方向又要从零开始……这样太痛苦了，我觉得受挫也是理所当然的。

请一定要沿着一个方向去写，体会"能一点点读懂难书的喜悦"。

有一本 50 多年前出版的书，叫《我的读书法》。这是我在旧书店偶然见到的名著，已故的民族学家梅棹忠夫用"以行动为中心读书"为主题进行了这样的叙述：

> 从小就不怎么喜欢读书。初中时，比起看书，我更喜欢运动。……初三的时候，似乎有了一个转机。
> 我的做法是，找到明确的课题，而且主要是行为上的课题，为此读书。可以说，这是一种"以行为为中心的读书法"。我一直坚持到现在。
>
> 摘自《我的读书法》

据说梅棹忠夫先生专注于山岳领域研究是为了制作京都山峰的旅游指南。为此他阅读了历史学、生物学、图鉴等各种类型的书。

游览群山，对照书中所学，心想"下次就这样做吧，为此……"

这么一看，主动阅读和梅棹忠夫老师的方法很接近。
怎么样？大家都有点概念了吧。

>> 被动阅读是什么

接下来是被动阅读。我觉得这对大家来说比较熟悉。

看日本初中生阅读书目排行榜，大多是电影化、电视剧化的原著小说，或者是艺人随笔。看完电影化、电视剧化的作品之后就能了解故事情节，很容易读懂原著，而随笔篇幅短且简单。

我 13 岁（初中一年级）时，也迷上了短篇阅读。我最喜欢看日本微型小说鼻祖星新一的作品。这种"小小说"类型，如果你们没有读过，请一定要读一读！

读完星新一先生的书后，我又读了日本著名语言学家外山滋比古老师的随笔。看了很多外山老师的随笔后，我开始沉浸其中："对事物的看法竟然如此不同！"自此一点点进入小说阅读，所以读过的书的类型很杂。

我的被动阅读法则只有一个。

那就是**"感觉无聊就马上停下来，打开下一本书"**。

之所以这么说，是因为我觉得，如果忍着无聊继续看，阅读就会变得令人讨厌。

如果是主动阅读（为了想要得到什么而读书），"因为无聊所以放弃"就毫无所得。但是，被动阅读无论如何都是为了享受而进行的阅读，所以请优先考虑享受吧。

阅读各种类型的书是最理想的，但即使决定"读各种类型吧"，也很难顺利进行，因为人的兴趣并不受控制。

比起这个，先喜欢上阅读吧。当对某个类型稍微感兴趣时，有助于降低心理障碍以便快速读懂。

>>> 理科是什么样的科目

介绍完英语、数学、语文"三门主科"的学习方法，你感觉如何呢？

中考、高考都会考英语、数学、语文，所以大家才会说"语数英很重要"。

另外，要提高语数英的成绩也需要时间，所以也会说"如果不擅长，以后会很困扰"。

也有很多人因此把理科和文科搁置于后面。

不过，这样真的可以吗？下面要讲理科、文科的学习方法，首先想告诉大家两件事：

> 1. 理科是"如果不重视，就会渐渐变得不擅长，进而变得讨厌的科目"
> 2. 文科不是"背诵科目"

有些同学可能会问：

"什么？会渐渐讨厌理科吗？"

"文科不是背诵科目吗？"

这是怎么一回事呢？让我们一起思考一下吧！

>> 觉得理科有趣吗？擅长吗？

首先，请让我做一个关于理科的问卷调查。

请看下面①②两种表述，从"我强烈地认为""我这么认为""我不这么认为""我完全不这么认为"四个选项中做出选择。

①"理科很有趣。"
②"我擅长理科。"

怎么样？

"嗯……"有人会烦恼如何回答吧，也有人会立马回答两个都是"完全不这么认为"！

实际上这个问卷调查引用的是四年一次的"TIMSS"（国际数学与科学趋势研究项目，2015年）。

调查对象是小学四年级学生和初中二年级学生。

结果很有趣，让我们一起来看看。

回答"我强烈地认为"和"我这么认为"的人员比例

	理科有趣	擅长理科
小学四年级学生	90%（国际平均87%）	84%（国际平均75%）
初中二年级学生	66%（国际平均81%）	45%（国际平均53%）

从这两个问卷调查结果来看，尽管学生在小学四年级时

觉得"理科有趣""擅长理科"，但到了初中二年级，大概有25%~40%的学生会变得不这么认为（与国际平均水平相比大幅度减少）。

这就是现状。刚才我说理科是"如果不重视，会渐渐变得不擅长，进而讨厌的科目"，现在你应该明白了吧？

到了初中，如果理科达不到"自我享受"的程度，可能会让你不开心。

"开心不开心"在很大程度上取决于学校的老师和教材，但大家无法改变那些。

当然，也不能因为看着"没办法"就放弃。

因为大家会有痛苦的回忆。

如果"讨厌"，初中有三年，上高中再跟着三年……

我想说的是，"说放弃的话也没用，大家还是做自己力所能及的事吧。也就是说，**自己不断地下功夫去享受理科吧！**"

>>> 理科中最重要的是什么

理科原本就是"理解大自然里的事物"的科目。

我们的前辈们研究大自然，思考"为什么"，把调查的

"知识"聚集在一起，这就是理科。通过"实验"和"观察"来理解它们，这就是理科的学习。

所以，**理科最重要的是要怀有"为什么"的好奇心。**

大家小时候对很多事情都想过"为什么"，"为什么水滴会沾在杯子上呢？""宇宙的尽头在哪里呢？"等。

这只是我的个人想法，我觉得支撑"为什么"这种情绪的东西就是"触动"。

"什么？""真是不可思议啊！"

心潮澎湃（触动），然后产生："为什么？"

所以，**为了思考"为什么"，需要"触动的体验"。**

希望大家对"触动"变得贪婪。让自己沉浸在有趣的世界里，有所触动，最后应该会喜欢上理科，进而变得擅长。

那么，怎样才能获得"触动"的体验呢？

首先，可以考虑积极参加学校的"实验"和"观察"活动。但是，有的课程没有"实验"和"观察"活动，也不一定都能令人兴奋。

那么，除了在学校上课以外，还能做些什么呢？**重要的是，"大胆地尝试"。**我总结了以下两点：

1 · 对 "最前沿" 的科学保持敏感

每年都有诺贝尔奖新闻。我上初中的时候看了一个电视节目和杂志，详细解说了获得诺贝尔奖的研究，我记得当时的感觉是："虽然不太懂，但很厉害！"

由于诺贝尔奖获得者大多是在学术上得到广泛评价后才会得奖，所以不知道 "最前沿" 的表达是否合适，但至少比课本更能让人兴奋。

最前沿的科学是令人兴奋的。就像生物学等科学一样，世界上隐藏着很多有可能使世界产生巨变的东西。它们可能会打翻之前被认为是 "理所当然正确" 的事情。

你也可以跳出课本，大胆尝试，搜索最前沿的科学。

那么，具体能做些什么呢？大家最熟悉的就是看科学节目了吧。我觉得那个也不错，但是还有其他的推荐。

不限于科学栏目，推荐观看网络视频 TED 演讲。

我也曾以 "教育" 为主题参加过演讲，这里面有各种各样的 "知识"，非常有趣。

说到最前沿，我也经常检索名为 WIRED 的网站（http: //wired.jp/）。里面充满了让世界变得更好的想法和创新。

说到杂志，《孩子的科学》（诚文堂新光社）最有名（可搜索"儿童科学网站"，https://www.kodomonokagaku.com/）。

这里有很多插图，也通俗易懂，但它以小学生为受众，所以有人会觉得"想读一下大人的东西"。

这么想的人就"大胆地尝试"吧。

比如，可以阅读"Newton（牛顿）""日经科学""国家地理""天文指南"等杂志。

你可能会想："呃，面向大人的杂志很难吧。"的确，"完全理解一切"是很难。但是，每篇文章的开头都有"标题"，下面有一两行"摘要"。如果在"标题"和"摘要"中看到感兴趣的地方，仔细读一读就可以了。

百闻不如一见，迅速去书店或图书馆（图书馆里应该几乎都有）浏览吧。

如果对上述杂志感到"看起来很难"，可以从"Newt-on副刊"开始挑战。里面不仅使用了大量插图，还从基础到最前沿把所有见解都简单易懂地进行了介绍。有"银河的一切"和"惊人的植物"等各种各样的切入点，从自己感兴趣的主题挑选吧。

另外，也推荐阅读有丰富图画的图鉴。《世界上最美的元素图鉴》《世界上最美的果实图鉴》等"世界上最美"系列很精美！

把图鉴放在学习桌上，休息的时候翻一翻，放松一下，真的很提神。

不知不觉就会发现，关于那本书的主题，你可能是班上知道的最详细的人。

不要想着从一开始就要全部理解。感到"好难啊，看不懂"的时候，看其他主题就好了。如果在觉得"好难啊，看不懂"时，还能坚持下去，"但是真想知道啊"，那就太好了。

这也许就是你的"兴趣点"。更详细的问题可以请教理科老师，或者查阅其他书籍、课本、资料集，还可以借助网络。

另外，也可以从学校分发的资料集和图说中寻找兴趣点。

2·"实际去观察""试着加入"

电视、图书、网络等渠道很重要，但是实际踏足大自然也很重要，因为**大自然是最好的课本**。

正如我刚才所说，理科是对自然产生大量"为什么"的科目。所以，接触大自然是最好的方法。

特别是地理和生物，可以通过接触大自然复习部分学过的东西（如植物的构造和作用、生物的观察、气象观测、太阳系和恒星等）。

除了大自然，也积极去家附近的公共设施体验吧。

博物馆、科学馆、天文馆、植物园、动物园、水族馆等，可以去这些地方看一看，也可以请讲解员详细讲解。

有的学校的课外授课也会去这些场所。如果对其中某个事物特别"感兴趣"，就重新去慢慢观察一次吧。

另外，这些场所还会举办"学习会"和"演讲会"，一定要参加。

和不同年龄段的人互相学习，听听知识更丰富的人的理解，会成为最好的经历。

虽然和理科不相关，但我在初中时因为要做关于"教育问题"的社会调查报告，所以有机会采访很多人。

我也参加了很多研讨会和演讲会。还只是个初中生就去参加，我非常高兴。也因为年纪小而得到了大家的疼爱，在决定自己未来道路的时候，它们成了非常宝贵的经验。

安静地坐在椅子上学习不会打开未来之路，轻轻松松地动起来吧！**鼓起勇气，一定要动起来！**如果不敢一个人去，就找朋友一起去！

可能许多人都不知道，直接给相关领域的大学教授发邮件也是很好的经历。如果有礼貌地写下问题，有很多老师会回复。

另外，根据我的经验，有很多老师还会想见面聊！有胆量的人一定要尝试一下。也许有人会觉得"老师们很忙，这样很失礼吧"，但我认为，能活用这段经历将来回馈社会，也是一桩好事。

让我们跳出课本，"大胆地尝试"探索科学的世界吧。

看了这两点，你可能会觉得"这和考试好像没什么关系啊"，不是的。

这些事情的确不是在考试前做，不过，只着眼于短期的考试学习，不一定每个人都能学会理科。因为有时可能没有坚持的动力。

这本书反复强调的是，"为了喜欢那个科目，必须提高成绩"。

但是，很多人仅凭这一点并不能坚持。对理科不感兴趣的人原本也不在少数（正如最初的问卷调查结果中所呈现的那样）。

所以，**即便"看起来和考试无关"，即便觉得在绕远路，也请尝试上面的建议。**

我也非常理解那些"不想做与考试无关的事情"的同学的心情。

　　我也不反对这种想法。因为，大家都希望学以致用。

　　推荐这些同学试着"深挖"学校所讲的知识。将上述内容首先限定为"在学校学习的范围"，把它们作为复习的一环去探索吧。

>>> 预习
（为上课做准备：把"会"与"不会"分开）

首 先 从 这 里 开 始

　　如果课程涉及的范围是固定的，那就看一下课本吧。

　　理科课本和文科课本不一样，粗体字的重要词句并不多。所以我觉得有时深浅不分，想读正文也不能集中精力。

　　这时就**把看不懂的用语圈起来读一下吧**。

　　另外，要仔细浏览一下图和图表。**如果产生了"为什么"的疑问，就画上下划线提前查阅吧**。

与英语和语文不同，理科不需要把不懂的预先在笔记本上写出来。

面 向 有 余 力 的 人

理科学起来就像"螺旋形"一样。初中理科有很多是对小学所学内容的拓展。

例如，小学学习过"水的三态变化"，初中会学习水之外的"物态变化"（固体、液体和气体之间的状态变化）。

在预习阶段，如果你觉得"咦，我可能在小学学过"，**就把小学的课本拿出来重新读一遍吧**，那会是很好的复习。

>>> 上课

（为复习做准备：把"不会"变为"会"）

首 先 从 这 里 开 始

STEP
1
以预习中有疑问的地方为中心，集中注意力听讲。
（法则 ③：张弛有度地全面运转大脑）

以圈起来的词句、不懂的图和图表为中心，集中注意力听讲吧。

此外，积极参与观察和实验吧。观察和实验的重要性和刚才说的一样，在家里想做也做不了。进行观察和实验时，努力理解目的和过程吧。

STEP
2

认真记笔记。

（法则 ④：记录之后想要回看的笔记）

板书自不必说，老师口头的讲解也要好好记下来。另外，回家后有时会对照着课本、资料集画图表，所以**记笔记时要记得留出空白。**

如果是实验讲义，或者自己做的报告，之后贴在笔记本上吧。在笔记本上空出相应的页数。

STEP
3

在课堂上记住。

（法则 ⑤：在课堂上尽力记忆）

尽量在课堂上记住术语和公式等应该记住的东西吧。但是，对于有的内容来说，"理解"比"记住"更重要。

顺便说一下，一般认为生物和地理是"记住＝理解"，化学是"记住后理解"，物理是"理解后再记住"。但是，物理的"记住"和数学一样，不是"死记硬背"，而是"习惯"。

请用橙色笔写下要背诵的重要词句。

为什么是橙色笔呢？因为用橙色笔写，盖上红色卡的时候字迹就会消失！

这是我在前面介绍过的**"消失笔记术"**，在这里再次推荐。

>>> # 复习

（为考试做准备：保持"会"的状态）

STEP
1 记住重要词句。

（法则 ⑥："记忆型"复习）

用红色卡覆盖橙色笔写的重要词句吧。 届时，利用图表等相关内容回想术语吧，这样就很难忘记了。

推荐在课后立马做一次。 可以检查自己在课堂上有没有记牢！

特辑

第1章

第2章

第3章

英语

数学

语文

理科

文科

STEP

2 重新看课本。

重新阅读课堂所讲范围的课本吧。如果做了观察或实验，请确保了解过程，而不是只记住了结果。

也许会再次思考"为什么"。**不要放过产生"为什么"的好奇心，一定要查阅或请教别人。**

STEP

3 解答问题集。

（法则 ⑦："解答型"复习）

使用问题集，确认是否正确记住了应该记住的重要术语，能否理解实验等。

问题集不要写满，记在笔记本上，即使弄错了也可以重新解答。

面 向 有 余 力 的 人

STEP

1 尝试能否直接讲解课堂上进行过的观察和实验。

观察和实验重要的不仅是结果，尝试能否解释这是一个什么样的实验、实验的目的和导出结果的过程吧。

希望大家能够理解**"为什么要采取这样的实验方法"**（为了明确是什么推导出了结果，分成实验组和统管组进行对照实验等）。

目标是给没有参加实验的人讲解，能令他们明白（可以试着向家人和请假的朋友讲解）。忘得一干二净的同学，看实验讲义回想起来后再试着讲解吧。

STEP
2   总结笔记。

不能只是重新抄写笔记，也不一定要做新的笔记。把上课时没写完的图表补在笔记本上，也是一个很好的总结。

大大地画出图表吧。 如果看课本也很难总结，可以参考教辅、参考书中总结的基本事项。

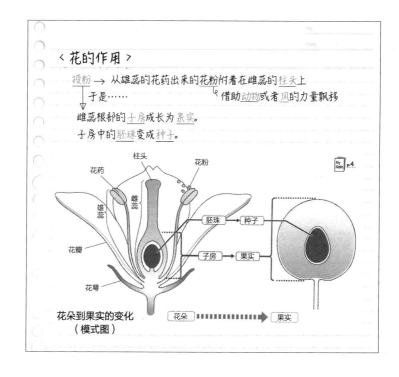

>>> 考试

（为预习做准备：检测能否长时间保持"会"的状态）

首 先 从 这 里 开 始

STEP **重新审视以往的考试。**
1 **（法则 ⑧：把握考试出题的"趋势"）**

让我们重新审视一下到目前为止的考试。

看看以往的考试，术语是如何被提问的？与实验有关的问题是如何被提问的？叙述问题出自哪里？要逐一看看。

STEP **重新回顾到目前为止所做的事情。**
2 **（法则 ⑨：根据趋势制定"对策"）**

回顾所记住的术语、公式（及其推导过程）、实验结果及其方法等。**如果你在整理笔记，试着看看是否可以重现在白纸上。**

很多图和表都不需要正确地书写出来，但是要能说出"笔记本或课本中的这一页上有这样的图"。

如果做过练习题，就试着重新解答错题和难题。

和其他科目相比，理科很难检查是否已经理解了，所以可以试着解答市面上相应的练习册。

记录"错题"的同学，请一定要重新解答一遍。

面 向 有 余 力 的 人

STEP
1 尝试自己制作问题集。

市面上的练习册有的不含实验等相关问题，所以自己制作原创问题集吧。

参考以往定期测试中的试题，提出预想问题，思考"可能会出什么样的问题"。

STEP
2 和朋友互相问答。

制作好问题集后，让朋友解答一下吧。因为是原创问题，所以只能自己给出答案。通过让朋友解答，也许能得到比自己准备的更好的答案。

如果朋友也能一起制作问题集，可以试着相互解答。

文科学习方法

>>> **文科是"背诵科目"?**

当我和初中生们交谈时,我经常听到这样的说法:

"文科是背诵科目。"

每次听到这个说法,我总是觉得有点难过。

所谓背诵,就是一问一答。

但是,这就是文科的现实。

因为,文科考试在某种程度上,靠一问一答的方式去背诵

就能通过……

"文科是背诵科目"并不是最近才有的言论，很久以前就被说过。

大家对"文科是背诵科目"的认知如此悠久，要改变认知也是非常困难的。

中考，甚至高考，在某种程度上也是靠一问一答的方式背诵便能通过。

必须采取相应的对策去解决这个问题，我并不说这是学校老师的错，老师应该也不想把文科当作"背诵科目"来教。

>> 文科不是只有背诵

虽然靠一问一答式的背诵能通过考试，但不能取得高分。
必须变成背诵"＋α"。

例如，"活用资料的能力"。
请看下列问题，这是 2018 年东京都立的中考题。

[问题 3] 根据社会变化，通过正当手段谋求转变。文 I 提到"主要粮食的需求和价格稳定的相关法律（粮食法）"。图表 II 展示了 1960 年到 2016 年，日本大米总需求量和大米产量的发展变化。对比 1960 年到 1995 年，1995 年到 2016 年两个时间段，大米总需求量和大米产量的关系是如何变化的，简单叙述你对图表 II 的理解。

I 必须根据国内外状况变化重新审视农业政策：1995 年粮食管理法被废止，实行了新的粮食法。

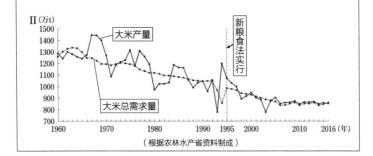

（根据农林水产省资料制成）

这道题发布在东京都教育委员会官网（http://www.kyoiku.metro.tokyo.jp/index.html）上，大家可以搜索一下。

这里还发布了"出题的方针和各类问题的目标"。**在那里多次出现的是"活用资料进行考查，展现出恰当表达的能力"。**

1. 理解资料的能力
2. 以资料为基础进行思考的能力
3. 正确表达想法的能力

考验的是这三种能力。

也许不太相关，东京大学入学考试中，历史和地理也会出现很多资料分析题。每年都会出现很多以基本知识为基础，从资料中重新解读地区和历史的问题。

这代表"文科不是背诵科目"。

>>> 文科是什么样的科目

那么，文科是什么样的学科呢？

我对文科的理解如下，

"为了让大家一起生存而锻炼头脑的学科"。

>> 什么是"为了让大家一起生存而锻炼头脑的学科"

让我们想想那是什么。

我们和其他人一起生存，没有人能够"不借助任何人的力量独立生活"。

和其他人生活在一起，会有很多好处，但有时也会发生冲突。

我想大家也会为了防止或解决这个问题而进行讨论。通过讨论，也会制定规则。

我认为，培养"讨论所需的能力"是学习文科的目的。

假如在班级文化节上，你想举办鬼屋活动。

一个人决定不了班级的节目，所以要在班会上和大家讨论。

"今年的文化节，我想举办鬼屋活动……"

然后，有一个人说：

"我反对。因为很危险。展览之类的活动很安全，我觉得很好。"

这时你会怎么做？

"不，我喜欢鬼屋！我们做鬼屋吧！"或许可以这样说，但是这样说服不了别人。那怎么办呢？

首先，得到了"不安全"的观点，也许你没有想到这一点。

反过来，如果你表明"这样做就安全了"，大家可能就会信服。

或者，可以调查过去的资料后补充自己的意见："几年前学校举办鬼屋活动时，好像有很多人来了。"

也可以去采访那个时候的班主任老师。

此时，有必要从多方面仔细了解资料。采访也一样，要思考从中读取的数据，然后向对方解释清楚。

调查、读取和解释，也需要各种各样的知识。

在这里还以文化节为例，"在文化节上应该演哪个节目"，这个问题原本就没有"正确答案"。

不过，几乎所有的社会问题都没有"正确答案"。

只能根据对方的想法从各个角度抓住问题，把"那个时候很多人认为是正确的事情"暂且作为答案，以此解决。

另外，世界上除了自己国家的人还有很多其他国家的人，我们都要共同生存。

所以要学习"世界历史"或"世界地理"，因为你必须了解对方。

培养前面所说的能力就是学习文科的目的。

怎么样？已经不能再说文科是"背诵科目"了吧?！

>> 背诵是准备活动

当然，文科还是需要背诵的。

不过，那只是起点。

就像运动中的准备活动。

准备活动是为想做的项目做"准备"。

文科背诵是为什么而做"准备"呢？

我认为这是在为"调查""思考""讨论"做准备。

这三点，也可以通过刚才文化节的例子"调查、读取和解释，需要各种各样的知识"来理解。

背诵的知识就像是调查、思考、讨论所需的"工具"（或"武器"）。

其实，在文科学习中，最重要的是**"尽快走到课本和笔记本的外面"**。

背诵的知识在课本和笔记本"里面"就能做到。不过，调查、思考、讨论，必须走到课本和笔记本的"外面"。

为了尽快"走出去"，必须在短时间内有效地记住课本和笔记本上的知识。

>> 该怎么记住

那么，怎样才能记住知识呢？

这里需要注意的是，大家之前使用的一问一答的方式只能记到"某种程度"。

正如在前文所说的那样，大家可能会有这样的认知，只要回答与问题相符的年号（1185 年）和术语（镰仓幕府）就可以了。

但是，只记住这些是不行的。

仅背诵"术语或年号"是不够的。重要的是，**"是否能讲出故事"**。

以前面的例子来说就是，"关于镰仓幕府你能说多少呢？""关于平安京能说多少？"

对术语进行说明，也就是和大家印象中的**一问一答式"相反"**的方式，即**"非一问一答式"**的说明。

简而言之，要思考"关于那个术语能说多少"。

只记住术语是说不出太多的。历史、地理，无论哪一门，仅靠术语都说不了太多。

因此，讲解时希望你意识到**"因果关系"**和**"对比"**。

例如，"平安京迁都"。

说到"因果关系"，就是"是什么原因，迁都到平安京"。

就"对比"而言，就是"与平城京有何不同"。

另外，就历史而言，**重要的是试着总结 5W1H【** When（什么时候），Who（谁），What（什么），Where（在哪里），Why（为什么），How（怎么）**】**。

有的课本会用索引总结"小学学过的术语"。

学习时一并回想自己曾经记忆、理解过的术语，效果更佳。

首先，试一试关于这些知识点"能说多少"吧。

如果能一点一点讲述故事，渐渐就能走到课本和笔记本的"外面"了。

有资料集和地图册的同学，请先看这些资料。利用资料集学习可以锻炼前面所说的"活用资料"的能力。

然后，可以试着在网上查询一下你感兴趣的地方，或者买新书。

但是，在网上查询时要注意，特别是匿名帖子，很多情况下都有信息不准确的情况。而图书会有作者和编辑等进行检查，在某种程度上，比网络信息更值得信赖。

在网上查询时，要注意"发帖人"（是否是相关领域的专家），"刊登在哪里"（有没有核查）等。

综上所述，文科学习可以这样总结：

>>> 预习

（为上课做准备：把"会"与"不会"分开）

 首 先 从 这 里 开 始

如果课程涉及的范围是固定的，那就看一下课本吧。

"为什么"，如果有这样的疑问，就画下划线事先查阅吧。

与英语和语文不同，不需要将不懂的事先在笔记本上写出来。

对于文科来说，上课和复习是很重要的，预习做到这些就可以了。

>>> 上课

（为复习做准备：把"不会"变为"会"）

首 先 从 这 里 开 始

STEP
1
以预习中有疑问的地方为中心，集中注意力听讲。

（法则 ③：张弛有度地全面运转大脑）

对于文科来说，上课和复习就是一切。总之集中精力听讲吧！

正如我刚才提到的，**"因果关系"**和**"对比"**是很重要的，所以不要听漏了。

STEP
2
认真记笔记。

（法则 ④：记录之后想要回看的笔记）

板书自不必说，老师口头上的讲解也要好好地记下来。"因果关系"经常是口头说明，所以要注意！

STEP
3
在课堂上记住。

（法则 ⑤：在课堂上尽力记忆）

尽量在课堂上记住重要词句吧。

面 向 有 余 力 的 人

上课时，要意识到"哪里重要"，用橙色笔写出板书上的
重要词句。

---

① 摄关政治和平安时代的文化

①摄关政治

……女儿是天皇的妻子，其子是下任天皇。天皇幼时，由
太政大臣代行政事，称为摄政。天皇年长亲政后，摄
政改称关白，辅助天皇总揽政事。

→11世纪上半叶的藤原道长和赖通父子时期最为鼎盛。

②国风文化

……将中国文化消化吸收后，与日本风土人情相结合后形
成的文化。
以皇族为中心。

假名：将汉字拆解表示日语的发音。
→有《古今和歌集》（纪贯之等）、《源氏物语》（紫
式部）、《枕草子》（清少纳言）等优秀的文学作品。

大和绘：日本画的根基。

寝殿造：贵族住所的样式。

>>> 复习

（为考试做准备：保持"会"的状态）

首 先 从 这 里 开 始

STEP 1 记住重要词句。

用橙色笔书写的同学，试着用红色卡片遮住吧。**推荐课后立马做一次。**可以检查在课堂上有没有记住！

STEP 2 重新阅读课本。

让我们重新阅读课堂所讲范围的课本内容吧。

如果是地理，打开地图册，一边在地图上确认相应地区，一边学习吧。

STEP 3 如果有问题集，请尝试解答。

（法则 ⑦："解答型"复习）

使用问题集，确认是否记牢应该记住的重要词句。不要将答案写在问题集上，要写在笔记本上，即使弄错了也可以重新解答。

面 向 有 余 力 的 人

STEP 1 在记住的重要词句中，尝试"能说多少"。

也可以试着制作**"非一问一答式"**的列表。

所谓"非一问一答式"，就是提出例如"关于室町幕府能说多少""关于大米的自给率能说多少"等问题，也就是**"讲故事"**，看术语并对其进行说明！（→ 195 页）

STEP 2 总结笔记。

不能只是重新抄写笔记。

总结的时候要注意到"因果关系""对比""5W1H"。

@天平文化和国风文化的对比

	天平文化	国风文化
时代	奈良时代	平安时代中期
特点	受佛教和大陆文化的影响，国际色彩丰富，因派遣遣唐使而发达	将中国文化消化吸收后，与日本的风土人情相结合后形成的文化
建筑	东大寺 东大寺正仓院 唐招提寺	平等院凤凰堂 寝殿造（贵族的住宅）
雕刻、绘画	东大寺大佛 唐招提寺鉴真像	大和绘 画卷
文学	《古事记》《日本书纪》 《风土记》《万叶集》	《古今和歌集》（纪贯之等） 《源氏物语》（紫式部） 《枕草子》（清少纳言）

>>> 考试

（为预习做准备：检验能否长时间保持"会"的状态）

首 先 从 这 里 开 始

^{STEP}
1 审视以往的考试。

（法则 ⑧：把握考试出题的"趋势"）

让我们重新审视一下到目前为止的考试。**比起其他科目，文科是"只从所涉及的范围内出题"的科目。**

让我们注意一下"如何从所涉及的范围内出题"。

^{STEP}
2 重新回顾所学内容。

（法则 ⑨：根据趋势制定"对策"）

如果几乎都是从课本中出题，那么就以迄今为止所学的内容为中心，重新审视（笔记本等）吧。

另外，因为不知道会从什么角度出题，所以**通过"非一问一答式"的题目，检查一下是否记牢了相关知识。**

如果做过练习题，就重新解答错题和难题吧。

面 向 有 余 力 的 人

STEP

1 尝试自己制作问题集。

结合趋势，自己提出预想问题吧。试着用"可能出现的问题"和"自己可能弄错的问题"两个视角来出题，效果更佳。

STEP

2 和朋友互相问答。

制作好问题集后，请朋友解答一下吧。特别是像说明性问题和论述性问题这样的"答案不唯一的问题"，可以得到各种各样的答案。

也许你会得到比自己准备的答案更好的回答。另外，如果朋友也能一起制作问题集，可以互相解答。

后 记

执笔此书，要感谢多方人士。

首先，非常感谢给予我出版机会的 Discover 21 出版社的干场弓子社长和三谷祐一先生。

也向一直承蒙关照的东京大学研究生院的田中智志教授表示感谢。

感谢我的母校，感谢春田裕之老师、森昭大老师、大松达知老师、立川和平老师、石塚泰启老师给予的无限帮助。

感谢青森县三户町教育长友田博文先生、小中一贯教育班长马场幸治先生的指导。

此外，感谢八尾直辉、大朏时久、岸诚人、渡边健太郎、佐藤大地、西川博谦、池航平、植村俊介、净泉和博等 PlusT 伙伴们给予的支持与鼓励。

最后，向养育我的父母和两个哥哥、妻子和女儿表示诚挚的感谢。

清水章弘